Cette édition n'est pas la 1re car elle contient l'avant-propos, qui avait été oublié dans la 1re. V. Lettre à d'Argental 31 mai 1762.

TESTAMENT DE JEAN MESLIER.

NOUVELLE ÉDITION.

ABREGÉ DE LA VIE DE L'AUTEUR.

Jean Meslier Curé d'Etrépigny & de But en Champagne, natif du village de Mazerni dépendant du Duché de Mazarin, étoit le fils d'un ouvrier en serge; élevé à la Campagne, il a néanmoins fait ses études & est parvenu à la Prêtrise.

Etant au Séminaire où il vécut avec beaucoup de régularité, il s'attacha au systême de Descartes. Ses mœurs ont paru irréprochables, faisant souvent l'aumône; d'ailleurs très sobre, tant sur sa bouche que sur les femmes.

Mrs. Voiry & Delavaux, l'un Curé de Va & l'autre Curé de Boutzicourt, étoient ses confesseurs, & les seuls qu'il fréquentoit.

Il étoit seulement rigide partisan de la justice, & poussoit quelquefois ce zèle un peu trop loin. Le Seigneur de son village nommé le Sr. de Touilly, ayant maltraité quel-

ques Paysans, il ne voulut pas le recommander nommément au Prône : Mr. de Mailly Archevêque de Reims, devant qui la contestation fut portée, l'y condamna. Mais le Dimanche qui suivit cette décision, ce Curé monta en Chaire & se plaignit de la sentence du Cardinal. » Voici, dit-il, » le sort ordinaire des pauvres Curés de Campa» gne ; les Archevêques, qui sont de grands Seigneurs, » les méprisent & ne les écoutent pas. Recommandons donc » le Seigneur de ce lieu. Nous prierons Dieu pour Antoine » De Touilly ; qu'il le convertisse, & lui fasse la grace de » ne point maltraiter le pauvre, & dépouiller l'orphelin. «

Ce Seigneur présent à cette mortifiante recommandation, en porta de nouvelles plaintes au même Archevêque, qui fit venir le Sieur Meslier à Donchery, où il le maltraita de paroles.

Il n'a guère eu depuis d'autres événemens dans sa vie ni d'autre bénéfice que celui d'Etrépigny.

Les principaux de ses Livres étoient la Bible, un Moréri, un Montagne & quelques Pères ; & ce n'est que dans la lecture de la Bible & des Pères qu'il puisa ses sentimens. Il en fit trois copies de sa main, l'une desquelles fut portée au Garde des Sceaux de France, sur laquelle on a tiré l'Extrait suivant. Son MS. est adressé à Mr. Le Roux Procureur & Avocat en Parlement, à Meziéres.

Il est écrit à l'autre côté d'un gros papier gris qui sert d'envelope, » J'ai vu & reconnu les erreurs, les abus, » les vanités, les folies & les méchancetés des hommes ; je » les ai haïs & détestés, je ne l'ai osé dire pendant ma vie, » mais je le dirai au moins en mourant & après ma mort ; » & c'est afin qu'on le sçache, que je fais, & écris le pré-

» sent

» *ſent Mémoire, afin qu'il puiſſe ſervir de témoignage de* » *vérité à tous ceux qui le verront & qui le liront ſi bon* » *leur ſemble.* «

On a auſſi trouvé parmi les Livres de ce Curé, un imprimé des Traités de Mr. de Fénelon Archevêque de Cambray [Edit. de 1718.] *ſur l'Exiſtence de Dieu & ſur ſes attributs, & les Réfléxions du P. Tournemine Jéſuite ſur l'Athëiſme, auxquels Traités il a mis ſes notes en marge ſignées de ſa main.*

*Il avoit écrit deux Lettres aux Curés de ſon voiſinage, pour leur faire part de ſes ſentimens &c. Il leur dit qu'il a conſigné au Greffe * de la Juſtice de ſa Paroiſſe une Copie de ſon Ecrit en 366 feuillets* in-8°. *mais qu'il craint qu'on ne la ſupprime, ſuivant le mauvais uſage établi d'empêcher que les ſimples ne ſoient inſtruits, & ne connoiſſent la vérité.* **.

Ce Curé a travaillé toute ſa vie en ſecret pour attaquer toutes les opinions qu'il croyoit fauſſes.

Il mourut en 1733. âgé de 55 ans : on a cru que dégoûté de la vie il s'étoit exprès refuſé les alimens néceſſaires, parce qu'il ne voulut rien prendre, pas même un verre de vin.

Par ſon teſtament, il a donné tout ce qu'il poſſédoit, qui n'étoit pas conſidérable, à ſes Paroiſſiens, & il a prié qu'on l'enterrât dans ſon Jardin.

* Sainte Menoult.

** On dit que le Grand Vicaire de Reims s'eſt emparé de la troiſiéme copie.

AVANT-PROPOS.

VOus connoiſſez, mes frères, mon déſintéreſſement; je ne ſacrifie point ma croyance à un vil intérêt. Si j'ai embraſſé une profeſſion ſi directement oppoſée à mes ſentimens, ce n'eſt point par cupidité; j'ai obéi à mes parens. Je vous aurois plutôt éclairés, ſi j'avois pû le faire impunément. Vous êtes témoins de ce que j'avance. Je n'ai point avili mon miniſtère en exigeant des rétributions qui y ſont attachées.

J'atteſte le Ciel, que j'ai auſſi ſouverainement mépriſé ceux qui ſe rioient de la ſimplicité des peuples aveuglés, leſquels fourniſſoient pieuſement des ſommes conſidérables pour acheter des prières. Combien n'eſt pas horrible cette monopole! Je ne blâme pas le mépris que ceux qui s'engraiſſent de vos ſueurs & de vos peines témoignent pour leurs myſtères & leurs ſuperſtitions: mais je déteſte leur inſatiable cupidité & l'indigne plaiſir que leurs pareils prennent à ſe railler de l'ignorance de ceux qu'ils ont ſoin d'entretenir dans cet état d'aveuglement.

Qu'ils ſe contentent de rire de leur propre aiſance; mais qu'ils ne multiplient pas du moins les erreurs en abuſant de l'aveugle piété de ceux qui par leur ſimplicité leur procurent une vie ſi commode. Vous me rendez, ſans doute, mes frères, la juſtice qui m'eſt duë. La ſenſibilité que j'ai témoignée pour vos peines me garantit du moindre de vos ſoupçons. Combien de

fois

fois ne me ſuis-je point acquité gratuitement des fonctions de mon miniſtère ? Combien de fois auſſi ma tendreſſe n'a-t-elle pas été affligée de ne pouvoir vous ſécourir auſſi ſouvent & auſſi abondamment que je l'aurois ſouhaité ? Ne vous ai-je pas toujours prouvé que je prenois plus de plaiſir à donner qu'à recevoir ? J'ai évité avec ſoin de vous exhorter à la bigoterie ; & je ne vous ai parlé qu'auſſi rarement qu'il m'a été poſſible de nos malheureux dogmes. Il faloit bien que je m'acquitaſſe, comme Curé, de mon miniſtère. Mais auſſi combien n'ai-je pas ſouffert en moi-même lorſque j'ai été forcé de vous prêcher ces pieux menſonges que je déteſtois dans le cœur ? Quel mépris n'avois-je pas pour mon miniſtère, & particulièrement pour cette ſuperſtitieuſe meſſe, & ces ridicules adminiſtrations de ſacremens, ſurtout lorſqu'il faloit les faire avec cette ſolemnité qui attiroit votre piété & toute votre bonne foi ? Que de remors ne m'a point excité votre crédulité ? Mille fois ſur le point d'éclater publiquement, j'allois deſſiller vos yeux, mais une crainte ſupérieure à mes forces me contenoit ſoudain, & m'a forcé au ſilence juſqu'à ma mort.

EXTRAIT DES SENTIMENS DE JEAN MESLIER,

Adreſſés à ſes Paroiſſiens, ſur une partie des abus & des erreurs en général & en particulier.

CHAPITRE I.

Ire. *Preuve, tirée des motifs qui ont porté les hommes à établir une Religion.*

COmme il n'y a aucune ſecte particuliére de Religion, qui ne prétende être véritablement fondée ſur l'autorité de Dieu & entiérement exemte de toutes les erreurs & impoſtures qui ſe trouvent dans les autres, c'eſt à ceux qui prétendent établir la vérité de leur ſecte à faire voir qu'elle eſt d'inſtitution divine, par des preuves & des témoignages clairs & convaincans; faute de quoi il faudra tenir pour certain qu'elle n'eſt que d'invention humaine, pleine d'erreurs & de tromperies; car il n'eſt pas croyable qu'un Dieu tout-puiſſant, infiniment bon, auroit voulu donner des loix & des ordonnances aux hommes, & qu'il n'auroit pas voulu qu'elles portaſſent des marques plus ſûres & plus

plus autentiques de vérité, que celles des imposteurs qui sont en si grand nombre. Or il n'y a aucun de nos Christicoles, de quelque secte qu'il soit, qui puisse faire voir par des preuves claires, que sa Religion soit véritablement d'institution divine; & pour preuve de cela c'est que depuis tant de siécles qu'ils sont en contestation sur ce sujet les uns contre les autres, même jusqu'à se persécuter à feu & à sang pour le maintien de leurs opinions, il n'y a eu cependant encore aucun parti d'entre eux, qui ait pu convaincre & persuader les autres par de tels témoignages de vérité; ce qui ne seroit certainement point, s'il y avoit de part ou d'autre des raisons ou des preuves claires & sûres d'une institution divine; car comme personne d'aucune secte, de Religion, éclairée, & de bonne foi, ne prétend tenir & favoriser l'erreur & le mensonge, & qu'au contraire chacun de son côté prétend soutenir la vérité, le véritable moyen de bannir toutes erreurs, & de réunir tous les hommes en paix dans les mêmes sentimens & dans une même forme de Religion, on devroit produire ces preuves & ces témoignages convaincans de la vérité, & faire voir par là que telle Religion est véritablement d'institution divine, & non pas aucune des autres. Alors chacun se rendroit à cette vérité, & personne n'oseroit entreprendre de combattre ces témoignages, ni soutenir le parti de l'erreur & de l'imposture, qu'il ne soit en même tems confondu par des preuves contraires : mais comme ces preuves ne se trouvent dans aucune Religion, cela donne lieu aux imposteurs d'inventer & de soutenir hardiment toutes sortes de mensonges.

Voici encore d'autres preuves qui ne feront pas moins clairement voir la fausseté des Religions humaines, & surtout la fausseté de la nôtre.

CHAPITRE II.

IIe. *Preuve tirée des Erreurs de la Foi.*

TOute Religion qui pose pour fondement de ses mystères, & qui prend pour règle de sa doctrine & de sa morale un principe d'erreurs, & qui est même une source funeste de troubles & de divisions éternelles parmi les hommes, ne peut être une véritable Religion, ni être d'institution divine. Or les Religions humaines, & principalement la Catholique, pose pour fondement de sa doctrine & de sa morale un principe d'erreurs. Donc, &c. Je ne vois pas qu'on puisse nier la premiére proposition de cet argument; elle est trop claire & trop évidente pour pouvoir en douter. Je passe à la preuve de la seconde proposition, qui est que la Religion Chrétienne prend pour régle de sa doctrine & de sa morale ce qu'ils appellent foi; c'est-à-dire, une créance aveugle, mais cependant ferme & assurée, de quelques Loix, ou de quelques révélations divines, & de quelque Divinité. Il faut nécessairement qu'elle le suppose ainsi; car c'est cette créance de quelque Divinité & de quelques révélations divines qui donne tout le crédit & toute l'autorité qu'elle a dans le monde, sans quoi on ne feroit aucun état de ce qu'elle prescriroit. C'est pourquoi il n'y a point de Religion qui ne

re-

recommande expreſſément à ſes ſectateurs * d'être fermes dans leur foi. De-là vient que tous les Chriſticoles tiennent pour maximes, que la foi eſt le commencement & le fondement du ſalut, & qu'elle eſt la racine de toute juſtice, & de toute ſanctification, comme il eſt marqué dans le Concile de Trente Seſſ. 6. chap. 8.

Or il eſt évident qu'une créance aveugle de tout ce qui ſe propoſe ſous le nom & l'autorité de Dieu, eſt un principe d'erreurs & de menſonges. Pour preuve c'eſt que l'on voit qu'il n'y a aucun impoſteur en matiére de Religion qui ne prétende ſe couvrir du nom de l'autorité de Dieu, & ne ſe diſe particuliérement inſpiré & envoyé de Dieu. Non ſeulement cette foi & cette créance aveugle qu'ils poſent pour fondement de leur Doctrine, eſt un principe d'erreur &c. mais elle eſt auſſi une ſource funeſte de troubles & de diviſions parmi les hommes, pour le maintien de leurs Religions. Il n'y a point de méchancetés qu'ils n'exercent les uns contre les autres, ſous ce ſpécieux prétexte.

Or il n'eſt pas croyable, qu'un Dieu tout-puiſſant, infiniment bon & ſage, voulût ſe ſervir d'un tel moyen ni d'une voie ſi trompeuſe, pour faire connoître ſes volontés aux hommes; car ce ſeroit manifeſtement vouloir les induire en erreur & leur tendre des piéges, pour leur faire embraſſer le parti du menſonge. Il n'eſt pareillement pas croyable qu'un Dieu qui aimeroit l'union & la paix, le bien & le ſalut des hommes, eût jamais établi pour fondement de ſa Religion, une ſource ſi fatale de troubles & de diviſions éternelles parmi les hommes. Donc des Reli-

* *Eſtote ortes in fide.*

Religions pareilles ne peuvent être véritables, ni avoir été inſtituées de Dieu.

Mais je vois bien que nos Chriſticoles ne manqueront pas de recourir à leurs prétendus motifs de crédibilité, & qu'ils diront que quoique leur foi & leur créance ſoit aveugle en un ſens, elle ne laiſſe pas néanmoins d'être appuyée par de ſi clairs & ſi convaincans témoignages de vérité, que ce ſeroit non ſeulement une imprudence, mais une témérité & une grande folie, de ne pas vouloir s'y rendre. Ils reduiſent ordinairement tous ces prétendus motifs à trois ou quatre chefs.

Le premier ils le tiennent de la prétendue ſainteté de leur Religion, qui condamne le vice & qui recommande la pratique de la vertu. Sa doctrine eſt ſi pure, ſi ſimple, à ce qu'ils diſent, qu'il eſt viſible qu'elle ne peut venir que de la pureté & de la ſainteté d'un Dieu infiniment bon & ſage.

Le ſecond motif de crédibilité, ils le tirent de l'innocence & de la ſainteté de la vie de ceux qui l'ont embraſſée avec amour, & défendue juſqu'à ſouffrir la mort, & les plus cruels tourmens, plutôt que de l'abandonner: n'étant pas croyable, que de ſi grands perſonnages ſe ſoient laiſſés tromper dans leur créance, qu'ils ayent renoncé à tous les avantages de la vie, & ſe ſoient expoſés à de ſi cruelles preſécutions pour ne maintenir que des erreurs & des impoſtures.

Ils tirent leur troiſiéme motif de crédibilité des oracles & des prophéties qui ont été depuis ſi long-tems rendues en leur faveur, & qu'ils prétendent accomplies d'une façon à n'en point douter.

Enfin leur quatriéme motif de crédibilité, qui eſt comme

me le principal de tous, se tire de la grandeur & de la multitude des miracles faits en tout tems & en tous lieux en faveur de leur Religion.

Mais il est facile de réfuter tous ces vains raisonnemens, & de faire connoître la fausseté de tous ces témoignages. Car 1°. les argumens que nos Christicoles tirent de leurs prétendus motifs de crédibilité, peuvent également servir à étabir & confirmer le mensonge comme la vérité; car l'on voit effectivement qu'il n'y a point de Religion, si fausse qu'elle puisse être, qui ne prétende s'appuyer sur de semblables motifs de crédibilité; il n'y en a point qui ne prétende avoir une doctrine saine & véritable, & au moins en sa manière qui ne condamne tous les vices & ne recommande la pratique de toutes les vertus. Il n'y en a point qui n'ait eu de docte & zélés défenseurs, qui ont souffert de rudes persécutions pour le maintien & la défense de leur Religion; & enfin il n'y en a point qui ne prétende avoir des prodiges & des miracles qui ont été faits en leur faveur,

Les Mahométans, les Indiens, les Payens en alléguent en faveur de leurs Religions, aussi-bien que les Chrétiens. Si nos Christicoles font état de leurs miracles & de leurs prophéties, il ne s'en trouve pas moins dans les Religions Payennes que dans la leur. Ainsi l'avantage que l'on pourroit tirer de tous ces prétendus motifs de crédibilité, se trouve à-peu-près également dans toutes sortes de Religions.

Cela étant, comme toutes les histoires & la pratique de toutes les Religions le démontrent, il s'ensuit évidemment que tous ces prétendus motifs de crédibilité dont nos

Chriſticoles veulent tant ſe prévaloir, ſe trouvent également dans toutes les Religions, & par conſéquent ne peuvent ſervir de preuves & de témoignages aſſurés de la vérité de leur Religion, non plus que de la vérité d'aucune ; la conſéquence eſt claire.

2°. Pour donner une idée du raport des miracles du Paganiſme avec ceux du Chriſtianiſme, ne pourroit-on pas dire, par exemple, qu'il y auroit plus de raiſon de croire Philoſtrate, en ce qu'il récite dans le 8e. livre de la vie d'Apollonius, que de croire tous les Evangéliſtes enſemble, dans ce qu'ils diſent des miracles de J. C. parce que l'on ſçait au moins que Philoſtrate étoit un homme d'eſprit, éloquent & diſert, qu'il étoit Secretaire de l'Impératrice Julie, femme de l'Empereur Sévère, & que ç'a été à la ſollicitation de cette Impératrice, qu'il écrivit la vie & les actions merveilleuſes d'Apollonius? marque certaine que cet Apollonius s'étoit rendu fameux par de grandes & extraordinaires actions, puiſqu'une Impératrice étoit ſi curieuſe d'avoir ſa vie par écrit ; ce que l'on ne peut nullement dire de J. C. ni de ceux qui ont écrit ſa vie ; car ils n'étoient que des ignorans, gens de la lie du peuple, des pauvres mercenaires, des pêcheurs qui n'avoient pas ſeulement l'eſprit de raconter de ſuite & par ordre les faits dont ils parlent, & qui ſe contrediſent même très-ſouvent & très-groſſiérement.

A l'égard de celui dont ils décrivent la vie & les actions, s'il avoit véritablement fait les miracles qu'ils lui attribuent, il ſe ſeroit infailliblement rendu très-recommandable par ſes belles actions ; chacun l'auroit admiré, & on lui auroit érigé des ſtatues, comme on a fait en fa-

veur

veur des Dieux : mais au lieu de cela on l'a regardé comme un homme de néant, un fanatique, &c.

Joseph l'Historien, après avoir parlé des plus grands miracles raportés en faveur de sa nation & de sa Religion, en diminue aussi-tôt la créance, & la rend suspecte, en disant qu'il laisse à chacun la liberté d'en croire ce qu'il voudra; marque bien certaine qu'il n'y ajoutoit pas beaucoup de foi. C'est aussi ce qui donne lieu aux plus judicieux, de regarder les histoires qui parlent de ces sortes de choses comme des narrations fabuleuses. Voyez Montagne & l'auteur de l'Apologie des grands hommes. On peut aussi voir la rélation des Missionnaires de l'Isle de Santorini : il y a trois chapitres de suite sur cette belle matière.

Tout ce que l'on peut dire à ce sujet nous fait clairement voir que les prétendus miracles se peuvent également imaginer en faveur du vice & du mensonge comme en faveur de la justice & de la vérité.

Je le prouve par le témoignage de ce que nos Christicoles mêmes appellent la Parole de Dieu, & par le témoignage de celui qu'ils adorent; car leurs livres qu'il disent contenir la Parole de Dieu, & le Christ lui-même qu'ils adorent comme un Dieu fait homme, nous marquent expressément, qu'il y a non seulement de faux Prophêtes, c'est-à-dire des Imposteurs, qui se disent envoyés de Dieu & qui parlent en son nom, mais qui nous marquent expressément encore, qu'ils font & qu'ils feront de si grands & de si prodigieux miracles, que peu s'en faudra que les justes n'en soient séduits. Voy. Math. 24. 5. 11. 27. & ailleurs.

De

De plus ces prétendus faiseurs de miracles veulent qu'on y ajoute foi, & non à ceux que font les autres d'un parti contraire au leur, se détruisant les uns les autres.

Un jour un de ces prétendus Prophêtes nommé Sédécias, se voyant contredit par un autre appellé Michée, celui-là donna un souflet à celui-ci, & lui dit plaisamment, » * Par quelle voie l'esprit de Dieu a-t-il passé » de moi pour aller à toi? « Voy. encore 3. Reg. 18. 40. & autres.

Mais comment ces prétendus miracles seroient-ils des témoignages de vérité, puisqu'il est clair qu'ils n'ont pas été faits? car il faudroit sçavoir 1°. si ceux que l'on dit être les premiers Auteurs de ces narrations le sont véritablement; 2°. s'ils étoient gens de probité, dignes de foi, sages & éclairés, & s'ils n'étoient point prévenus en faveur de ceux dont ils parlent si avantageusement; 3°. s'ils ont bien examiné toutes les circonstances des faits qu'ils rapportent, s'ils les ont bien connues, & s'ils les rapportent bien fidélement; 4°. si les livres ou les histoires anciennes qui rapportent tous ces grands miracles n'ont pas été falsifiés & corrompus, dans la suite du tems, comme quantité d'autres l'ont été.

Que l'on consulte Tacite & quantité d'autres célébres Historiens, au sujet de Moïse & de sa nation, on verra qu'ils sont regardés comme une troupe de voleurs & de bandits. La Magie & l'Astrologie étoient pour lors les seules sciences à la mode; & comme Moïse étoit, dit-on, instruit dans la sagesse des Egyptiens, il ne lui fut pas

* II. *Paral.* 18. 23.

pas difficile d'inſpirer de la vénération & de l'attachement pour ſa perſonne aux enfans de Jacob, ruſtiques & ignorans, & de leur faire embraſſer dans la miſére où ils étoient la diſcipline qu'il voulut leur donner. Voilà qui eſt bien différent de ce que les Juifs & nos Chriſticoles nous en veulent faire accroire. Par quelle règle certaine connoîtra-t-on qu'il faut ajouter foi à ceux-ci plutôt qu'aux autres? Il n'y en a certainement aucune raiſon vraiſemblable.

Il y a auſſi peu de certitude, & même de vraiſemblance, ſur les miracles du Nouveau Teſtament que ſur ceux de l'Ancien, pour pouvoir remplir les conditions précédentes.

Il ne ſerviroit de rien de dire que les hiſtoires qui rapportent les faits contenus dans les Evangiles ont été regardées comme ſaintes & ſacrées, qu'elles ont toujours été fidélement conſervées ſans aucune altération des vérités qu'elles renferment, puiſque c'eſt peut-être par là-même qu'elles doivent être plus ſuſpectes, & d'autant plus corrompües par ceux qui prétendent en tirer avantage ou qui craignent qu'elles ne leur ſoient pas aſſez favorables; l'ordinaire des auteurs qui tranſcrivent ces ſortes d'hiſtoires étant d'y ajouter, d'y changer ou d'en retrancher tout ce que bon leur ſemble pour ſervir à leur deſſein.

C'eſt ce que nos Chriſticoles mêmes ne ſçauroient nier, puiſque ſans parler de pluſieurs autres graves perſonnages qui ont reconnu les additions, les retranchemens & les falſifications qui ont été faites en différens temps, à ce qu'ils appellent leur Ecriture Sainte, leur St. Jerôme fameux Docteur parmi eux, dit formellement en pluſieurs

en-

endroits de ſes prologues, qu'elles ont été corrompües & falſifiées, étant déja de ſon temps entre les mains de toutes ſortes de perſonnes, qui y ajoutoient & en retranchoient tout ce que bon leur ſembloit, enſorte qu'il y avoit, dit-il, autant d'exemplaires différens, qu'il y avoit de différentes copies.

Voyez ſes prologues à Paulin, ſa préface ſur Joſué, ſon Epître à Galeate, ſa préface ſur Job, celle ſur les Evangiles au Pape Damaſe, celle ſur les Pſaumes à Paul & à Euſtachium, &c.

Touchant les Livres de l'Ancien Teſtament en particulier, Eſdras Prêtre de la Loi témoigne lui-même avoir corrigé & remis dans leur entier les prétendus Livres ſacrés de ſa Loi, qui avoient été en partie perdus & en partie corrompus. Il les diſtribua en XXII. Livres ſelon le nombre des Lettres Hébraïques, & compoſa pluſieurs autres livres dont la doctrine ne devoit ſe communiquer qu'aux ſeuls ſages. Si ces Livres ont été partie perdus, partie corrompus, comme le témoigne Eſdras & le Docteur St. Jerôme, en tant d'endroits, il n'y a donc aucune certitude ſur ce qu'ils contiennent; & quant à ce qu'Eſdras dit les avoir corrigés & remis en leur entier par l'inſpiration de Dieu même, il n'y a aucune certitude de cela, & il n'y a point d'impoſteur qui n'en puiſſe dire autant.

Tous les Livres de la Loi de Moïſe & des Prophêtes qu'on put trouver, furent brûlés du temps d'Antiochus. Le Talmud regardé par les Juifs comme un Livre ſaint & ſacré, & qui contient toutes les Loix divines, avec les ſentences & dits notables des Rabins, leur expoſition, tant ſur les Loix divines qu'humaines, & une quantité prodigieuſe d'autres ſecrets & myſtères de la langue Hébraïque, eſt regardé par les Chrétiens comme un Livre farci de rêveries, de fables, d'impoſtures & d'impiétés. En l'année 1559. ils firent brûler à Rome, par le commandement des Inquiſiteurs de la foi, douze cent de ces Talmuds trouvés dans une Bibliothèque de la Ville de Crémone.

Les Phariſiens qui faiſoient parmi les Juifs une fameuſe Secte, ne recevoient que les cinq livres de Moïſe, & rejettoient tous les Prophêtes. Parmi les Chrétiens, Marcion & ſes ſectateurs rejettoient les Livres de Moïſe & les Prophêtes, & introduiſoient d'autres Ecritures à la mode, Carpocrate & ſes ſectateurs en faiſoient de même, & rejettoient tout l'Ancien Teſtament, & maintenoient que Jeſus-Chriſt n'étoit qu'un homme comme les autres. Les Marcionites & les Souverains réprouvoient auſſi tout l'Ancien Teſtament comme mauvais, & rejettoient auſſi la plus grande partie des quatre Evangiles & les Epîtres de St. Paul.

Les Ebionites n'admettoient que le ſeul Evangile de St. Matthieu, rejettant les trois autres, & les Epîtres de St. Paul. Les Marcionites publioient un Evangile ſous le nom de St. Matthias, pour confirmer leur Doctrine. Les Apoſtoliques introduiſoient d'autres Ecritures, pour maintenir leurs erreurs, & pour cet effet ſe ſervoient de certains actes, qu'ils attribuoient à St. André & à St. Thomas.

Les Manichéens, Chron. pag. 287. écrivirent un Evangile à leur mode, & rejettoient les écrits des Prophêtes & des Apôtres. Les Etzſaites débitoient un certain Livre, qu'ils diſoient être venu du Ciel; ils tronçonnoient les au-

 tres

tres Ecritures à leur fantaiſie. Origène même avec tout ſon grand eſprit, ne laiſſoit pas que de corrompre les Ecritures, & forgeoit à tous coups des allégories hors de propos, & ſe détournoit par ce moyen du ſens des Prophêtes & des Apôtres ; & même avoit corrompu quelques-uns des principaux points de la Doctrine. Ses Livres ſont maintenant mutilés & falſifiés, ce ne ſont plus que piéces couſues & ramaſſées par d'autres qui ſont venus depuis, auſſi y rencontre-t-on des erreurs & des fautes manifeſtes.

Les Allogiens attribuoient à l'hérétique Cerinthus, l'Evangile & l'Apocalypſe de St. Jean, c'eſt pourquoi ils les rejettoient. Les hérétiques de nos derniers ſiècles rejettent comme Apocryphes pluſieurs Livres que les Catholiques Romains regardent comme ſaints & ſacrés, comme ſont les Livres de Tobie, de Judith, d'Eſther, de Baruc, le Cantique des trois enfans dans la fournaiſe, l'hiſtoire de Suzanne, & celle de l'Idole de Bel, la Sapience de Salomon, l'Eccléſiaſtique, le premier & le ſecond Livre des Machabées ; auxquels Livres incertains & douteux on pourroit encore en ajouter pluſieurs que l'on attribuoit aux autres Apôtres, comme ſont, par exemple, les actes de Saint Thomas, ſes circuits, ſon Evangile & ſon Apocalypſe ; l'Evangile de Saint Barthelemy, celui de St. Mathias, celui de Saint Jacques, celui de Saint Pierre, & celui des Apôtres ; comme auſſi les geſtes de Saint Pierre, ſon Livre de la Prédication & celui de ſon Apocalypſe ; celui du Jugement, celui de l'Enfance du Sauveur, & pluſieurs autres de ſemblable farine, qui ſont tous rejettés comme Apocryphes par les Catholiques Romains, même par le Pape Gélaſe & par les SS. PP. de la Communion Romaine.

Ce qui confirme d'autant plus qu'il n'y a aucun fondement de certitude touchant l'autorité que l'on prétend donner à ces Livres, c'eſt que ceux qui en maintiennent la divinité ſont obligés d'avouer qu'ils n'auroient aucune certitude pour les fixer, ſi leur foi, diſent-ils, ne les en aſſuroit & ne les obligeoit abſolument de le croire ainſi. Or, comme la foi n'eſt qu'un principe d'erreur & d'impoſture, comment la foi, c'eſt-à-dire une créance aveugle, peut-elle rendre certains les Livres qui ſont eux-mêmes le fondement de cette créance aveugle? Quelle pitié & quelle démence!

Mais voyons ſi ces Livres portent en eux-mêmes quelque caractère particulier de vérité, comme par exemple, d'érudition, de ſageſſe, & de ſainteté, ou de quelques autres perfections qui ne puiſſent convenir qu'à un Dieu, & ſi les miracles qui y ſont cités s'accordent avec ce que l'on devroit penſer de la grandeur, de la bonté, de la juſtice & de la ſageſſe infinie d'un Dieu tout-puiſſant.

Premiérement, on verra qu'il n'y a aucune érudition, aucune penſée ſublime, ni aucune production qui paſſe les forces ordinaires de l'eſprit humain. Au contraire, on n'y verra d'un côté, que des narrations fabuleuſes, comme ſont celles de la formation de la femme tirée d'une côte de l'homme, du prétendu Paradis Terreſtre, d'un ſerpent qui parloit, qui raiſonnoit, & qui étoit même plus ruſé que l'homme; d'une aneſſe qui parloit & qui reprenoit ſon maître de ce qu'il la maltraitoit mal-à-propos; d'un Déluge univerſel, & d'une Arche où des Animaux de toute eſpèce étoient renfermés; de la confuſion des langues & de la diviſion des nations; ſans parler de quantité d'autres vains récits particuliers ſur des ſujets bas & frivoles, &

que des Auteurs graves mépriſeroient de rapporter. Toutes ces narrations n'ont pas moins l'air de fables que celles que l'on a inventées ſur l'induſtrie de Prométhée, ſur la boête de Pandore, ou ſur la guerre des Géans contre les Dieux, & autres ſemblables que les Poëtes ont inventées pour amuſer les hommes de leur temps.

D'un autre côté on n'y verra qu'un mêlange de quantité de loix & d'ordonnances ou de pratiques ſuperſtitieuſes touchant les Sacrifices, les purifications de l'ancienne Loi, le vain diſcernement des animaux, dont elle ſuppoſe les uns purs & les autres impurs. Ces Loix ne ſont pas plus reſpectables que celles des nations les plus idolâtres.

On n'y verra encore que des ſimples hiſtoires, vraies ou fauſſes, de pluſieurs Rois, de pluſieurs Princes ou particuliers qui auront bien ou mal vécu, ou qui auront fait quelques belles ou mauvaiſes actions, parmi d'autres actions baſſes & frivoles qui y ſont rapportées auſſi.

Pour faire tout cela, il eſt viſible qu'il ne falloit pas avoir un grand génie, ni avoir des révélations divines. Ce n'eſt pas faire honneur à un Dieu.

Enfin on ne voit dans ces Livres, que les diſcours, la conduite & les actions de ces renommés Prophêtes, qui ſe diſoient être tout particuliérement inſpirés de Dieu. On verra leur manière d'agir & de parler, leurs ſonges, leurs illuſions, leurs rêveries; & il ſera facile de juger qu'ils reſſembloient beaucoup plus à des viſionnaires & à des fanatiques qu'à des perſonnes ſages & éclairées.

Il y a cependant dans quelques-uns de ces livres pluſieurs bons enſeignemens, & de belles maximes de morale, comme dans les Proverbes attribués à Salomon, dans le Livre de la Sageſſe & de l'Eccléſiaſtique; mais ce même me Salomon, le plus ſage de leurs écrivains, eſt auſſi le plus incrédule. Il doute même de l'immortalité de l'ame, & il conclut ſes ouvrages par dire qu'il n'y a rien de bon que de jouïr en paix de ſon labeur, & de vivre avec ce que l'on aime.

D'ailleurs combien les Auteurs qu'on nomme profanes, Xénophon, Platon, Ciceron, l'Empereur Antonin, l'Empereur Julien, Virgile &c. ſont-ils au-deſſus de ces Livres, qu'on nous dit inſpirés de Dieu. Je crois pouvoir dire que quand il n'y auroit, par exemple, que les fables d'Eſope, elles ſont certainement beaucoup plus ingénieuſes & plus inſtructives, que ne le ſont toutes ces groſſiéres & baſſes paraboles, qui ſont rapportées dans les Evangiles.

Mais ce qui fait encore voir que ces ſortes de Livres ne peuvent venir d'aucune inſpiration divine, c'eſt qu'outre la baſſeſſe & la groſſiéreté du ſtyle, & le défaut d'ordre dans la narration des faits particuliers, qui y ſont très-mal circonſtanciés, on ne voit point que les Auteurs s'accordent, ils ſe contrediſent en pluſieurs choſes; ils n'avoient pas même aſſez de lumières ni de talens naturels pour bien rédiger une hiſtoire.

Voici quelques exemples des contradictions qui ſe trouvent entr'eux. L'Evangeliſte Matthieu fait deſcendre J. Ch. du Roi David par ſon fils Salomon, juſqu'à Joſeph, père au moins putatif de J. Ch., & Luc le fait deſcendre du même David par ſon fils Nathan juſqu'à Joſeph.

Matthieu dit, parlant de Jeſus, que le bruit s'étant répandu dans Jéruſalem qu'il étoit né un nouveau Roi des Juifs, & que des Mages étant venus le chercher pour l'adorer, le Roi Hérode craignant que ce prétendu Roi nouveau ne lui ôtât quelque jour la couronne, fit égorger tous les enfans nouvellement nés depuis deux ans, dans tous les environs de Bethléem, où on lui avoit dit que ce nouveau Roi devoit naître, & que Joseph & la mére de Jesus ayant été avertis en songe par un Ange, de ce mauvais dessein, ils s'enfuirent incontinent en Egypte, où ils demeurèrent jusqu'à la mort d'Hérode, qui n'arriva que plusieurs années après.

Au contraire Luc marque que Joseph & la mère de Jesus demeurèrent paisiblement durant six semaines dans l'endroit où leur enfant Jesus fut né, qu'il y fut circoncis suivant la Loi des Juifs, huit jours après sa naissance, & que lors que le tems prescrit par cette Loi pour la purification de sa mère fut arrivé, elle & Joseph son mari le portèrent à Jérusalem pour le présenter à Dieu dans son temple, & pour offrir en même tems un sacrifice, ce qui étoit ordonné par la Loi de Dieu; après quoi ils s'en retournèrent en Galilée dans leur Ville de Nazareth, où leur enfant Jesus croissoit tous les jours en grace & en sagesse, & que son père & sa mère alloient tous les ans à Jérusalem, aux jours solemnels de leur fête de Pâques. Si bien que Luc ne fait aucune mention de leur fuite en Egypte, ni de la cruauté d'Hérode envers les enfans de la Province de Bethléem.

A l'égard de la cruauté d'Hérode, comme les Historiens de ce tems-là n'en parlent point, non plus que Joseph l'Historien qui écrit la vie de cet Hérode, & que les autres Evangelistes n'en font aucune mention, il est évident que le voyage de ces Mages conduits par une étoile, ce massacre des petits enfans, & cette fuite en Egypte, ne sont qu'un mensonge absurde. Car il n'est pas croyable

yable que Joſephe, qui a blâmé les vices de ce Roi, eût paſſé ſous ſilence une action ſi noire & ſi déteſtable, ſi ce que cet Evangeliſte dit eût été vrai.

Sur la durée du tems de la vie publique de J. C., ſuivant ce que diſent les trois premiers Evangeliſtes, il ne pouvoit y avoir eu guères plus de trois mois depuis ſon baptême juſqu'à ſa mort, en ſuppoſant qu'il avoit trente ans lorſqu'il fut baptiſé par Jean, comme dit Luc, & qu'il ait été né le 25 Decembre. Car depuis ce baptême qui fut l'an 15 de Tibère Ceſar, & l'année qu'Anne & Caïphe étoient Grands Prêtres, juſqu'au premier Pâques ſuivant, qui étoit dans le mois de Mars, il n'y avoit qu'environ trois mois; ſuivant ce que diſent les trois premiers Evangeliſtes, il fut crucifié la veille du premier Pâques ſuivant, après ſon baptême, & la premiére fois qu'il vint à Jéruſalem avec ſes Diſciples; car tout ce qu'ils diſent de ſon baptême, de ſes voyages, de ſes miracles, de ſes prédications, & de ſa mort & paſſion, ſe doit rapporter néceſſairement à la même année de ſon baptême, puiſque ces Evangeliſtes ne parlent d'aucune autre année ſuivante, & qu'il paroît même, par la narration qu'ils font de ſes actions, qu'il les a toutes faites immédiatement après ſon baptême, conſécutivement les unes après les autres, & en fort peu de tems, pendant lequel on ne voit qu'un ſeul intervalle de ſix jours avant ſa transfiguration, pendant leſquels ſix jours on ne voit pas qu'il ait fait aucune choſe.

On voit par là qu'il n'auroit vécu après ſon baptême qu'environ trois mois; deſquels ſi l'on vient à ôter ſix ſemaines de 40 jours & 40 nuits qu'il paſſa dans le déſert immédiatement après ſon baptême, il s'enſuivra que le tems de ſa vie publique, depuis ſes premières prédications

 juſ-

jusqu'à sa mort, n'aura duré qu'environ six semaines ; & suivant ce que Jean dit, il auroit au moins duré trois ans & trois mois, parce qu'il paroît par l'Evangile de cet Apôtre, qu'il auroit été pendant le cours de sa vie publique, trois ou quatre fois à Jérusalem à la fête de Pâques, qui n'arrivoit qu'une fois l'an.

Or s'il est vrai qu'il y ait été trois ou quatre fois depuis son baptême, comme Jean le témoigne, il est faux qu'il n'ait vécu que trois mois après son baptême, & qu'il ait été crucifié la première fois qu'il alla à Jérusalem.

Si l'on dit que ces trois premiers Evangelistes ne parlent effectivement que d'une seule année, mais qu'ils ne marquent pas distinctement les autres qui se sont écoulées depuis son baptême, ou que Jean n'entend parler que d'une seule Pâques, quoiqu'il semble qu'il parle de plusieurs, & que ce n'est que par anticipation qu'il répète plusieurs fois que la fête de Pâques des Juifs étoit proche, & que Jesus alla à Jérusalem, & par conséquent, qu'il n'y a qu'une contrariété apparente sur ce sujet entre ces Evangélistes, je le veux bien ; mais il est constant que cette contrariété apparente ne viendroit que de ce qu'ils ne s'expliquent pas avec toutes les circonstances qui auroient été à remarquer dans le récit qu'ils font. Quoi qu'il en soit, il y a toujours lieu de tirer cette conséquence, qu'ils n'étoient donc pas inspirés de Dieu, lorsqu'ils ont écrit leurs histoires.

Autre contradiction au sujet de la premiére chose que Jesus-Christ fit incontinent après son baptême ; car les trois premiers Evangelistes disent qu'il fut aussi-tôt transporté par l'Esprit dans un désert, où il jeûna quarante jours & quarante nuits, & où il fut plusieurs fois tenté

par

par le Diable : & ſuivant ce que dit Jean, il partit deux jours après ſon baptême pour aller en Galilée, où il fit ſon premier miracle, en y changeant l'eau en vin aux nôces de Cana, où il ſe trouva, trois jours après ſon arrivée en Galilée, à plus de trente lieues de l'endroit où il étoit.

A l'égard du lieu de ſa première retraite après ſa ſortie du déſert, Matthieu dit ch. 4. ℣. 13. qu'il s'en vint en Galilée, & que laiſſant la Ville de Nazareth, il vint demeurer à Capharnaum Ville maritime. Et Luc ch. 4. ℣. 16. & 41. dit qu'il vint d'abord à Nazareth, & qu'enſuite il vint à Capharnaum.

Ils ſe contrediſent ſur le tems & la manière dont les Apôtres ſe mirent à ſa ſuite; car les trois premiers diſent que Jeſus paſſant ſur le bord de la mer de Galilée, il vit Simon & André ſon frère, & qu'un peu plus loin il vit Jacques & Jean ſon frère avec leur père Zébédée. Jean au contraire dit, que ce fut André, frère de Simon Pierre, qui ſe joignit premiérement à Jeſus, avec un autre Diſciple de Jean Baptiſte, l'ayant vû paſſer devant eux, lorſqu'ils étoient avec leur Maître ſur les bords du Jourdain.

Au ſujet de la Cène, les trois premiers Evangeliſtes marquent que Jeſus-Chriſt fit l'inſtitution du Sacrement de ſon corps & de ſon ſang, ſous les eſpèces & apparences du pain & du vin, comme parlent nos Chriſticoles Romains : & Jean ne fait aucune mention de ce myſtérieux Sacrement. Jean dit, ch. 13. ℣. 5. qu'après cette Cène Jeſus lava les pieds à ſes Apôtres, qu'il leur commanda expreſſément de ſe faire les uns aux autres la même choſe, & rapporte un long diſcours qu'il leur fit

dans

dans ce même tems. Mais les autres Evangelistes ne parlent aucunement de ce lavement de pieds, ni d'un long discours qu'il leur fit pour lors. Au contraire ils témoignent qu'incontinent après cette Cène, il s'en alla avec ses Apôtres, sur la montagne des Oliviers, où il abandonna son ame à la tristesse; & qu'enfin il tomba en agonie, pendant que ses Apôtres dormirent un peu plus loin.

Ils se contredisent eux-mêmes sur le jour qu'ils disent qu'il fit cette Cène; car d'un côté ils marquent qu'il la fit le soir de la veille de Pâques, c'est-à-dire le soir du premier jour des Azimes, ou de l'usage des pains sans levain, comme il est marqué dans l'Exode 12. 18. Lévit. 25. 5. dans les Nomb. 28. 16. & d'un autre côté ils disent qu'il fut crucifié le lendemain du jour qu'il fit cette Cène, vers l'heure de midi, après que les Juifs lui eurent fait son procès pendant toute la nuit & le matin. Or suivant leur dire, le lendemain qu'il fit cette Cène, n'auroit pas dû être la veille de Pâques. Donc, s'il est mort la veille de Pâques vers le midi, ce n'étoit point le soir de la veille de cette fête, qu'il fit cette Cène. Donc il y a erreur manifeste.

Ils se contredisent aussi sur ce qu'ils rapportent des femmes qui avoient suivi Jesus depuis la Galilée; car les trois premiers Evangelistes disent que ces femmes & tous ceux de sa connoissance, entre lesquelles étoient Marie Madeleine, & Marie mère de Jacques & de Joses, & la mère des enfans de Zébédée, regardoient de loin ce qui se passoit, lorsqu'il étoit pendu & attaché à la Croix. Jean dit au contraire 19. 25. que la mère de Jesus & la sœur de sa mère, & Marie Madeleine, étoient debout auprès de la Croix, avec Jean son

ſon Apôtre. La contrariété eſt manifeſte ; car ſi ces ſemmes & ce Diſciple étoient près de lui, elles n'étoient donc pas éloignées, comme diſent les autres.

Ils ſe contrediſent ſur les prétendües apparitions qu'ils rapportent que Jeſus-Chriſt fit après ſa prétendüe réſurrection ; car Matthieu ch. 28. ℣. 16. ne parle que de deux apparitions ; l'une, lorſqu'il s'apparut à Marie Madeleine, & à une autre femme nommée auſſi Marie, & lorſqu'il s'apparut à ſes onze diſciples, qui s'étoient rendus en Galilée ſur la montagne qu'il leur avoit marquée pour le voir. Marc parle de trois apparitions, la premiére lorſqu'il apparut à Marie Madeleine, la ſeconde lorſqu'il apparut à ſes deux Diſciples qui alloient en Emaüs, & la troiſième lorſqu'il apparut à ſes onze Diſciples, à qui il fit reproche de leur incrédulité. Luc ne parle que des deux premiéres apparitions comme Matthieu, & Jean l'Evangeliſte parle de quatre apparitions, & ajoute aux trois de Marc, celle qu'il fit à ſept ou huit de ſes Diſciples, qui pêchoient ſur la Mer de Tybériade.

Ils ſe contrediſent encore ſur le lieu de ces apparitions ; car Matthieu dit que ce fut en Galilée ſur une montagne ; Marc dit que ce fut lorſqu'ils étoient à table ; Luc dit qu'il les mena hors de Jéruſalem, & qu'il les mena juſques en Béthanie, où il les quitta en s'élevant au Ciel : & Jean dit que ce fut dans la ville de Jéruſalem, dans une maiſon dont ils avoient fermé les portes ; & une autrefois ſur la mer de Tybériade.

Voilà bien de la contrariété dans le récit de ces prétendües apparitions. Ils ſe contrediſent au ſujet de ſa prétendüe Aſcenſion au Ciel ; car Luc & Marc diſent poſitivement qu'il monta au Ciel en préſence de ſes onze Apôtres ;

tres; mais ni Matthieu ni Jean ne font aucune mention de cette prétendüe Afcenfion. Bien plus, Matthieu témoigne affez clairement, qu'il n'eft point monté au Ciel, puifqu'il dit pofitivement que Jefus-Chrift affura fes Apôtres qu'il feroit & qu'il demeureroit toujours avec eux jufqu'à la fin des fiècles: » Allez donc, leur dit-il dans cette prétendüe apparition, » enfeignez toutes les » Nations, & foyez affurés que je ferai toujours avec » vous jufqu'à la fin des fiècles.

Luc fe contredit lui-même fur ce fujet: car dans fon Evangile ch. 24. ℣. 50. il dit que ce fut en Béthanie qu'il monta au Ciel en préfence de fes Apôtres; & dans fes Actes des Apôtres, fuppofé qu'il en foit l'Auteur, il dit que ce fut fur la montagne des Oliviers. Il fe contredit encore lui-même dans une autre circonftance de cette Afcenfion; car il marque dans fon Evangile que ce fut le jour même de fa réfurrection, ou la premiére nuit fuivante, qu'il monta au Ciel; & dans fes Actes des Apôtres, il dit que ce fut 40. jours après fa réfurrection. Ce qui ne s'accorde certainement pas.

Si tous les Apôtres avoient véritablement vu leur Maître monter glorieufement au Ciel, comment Matthieu & Jean qui l'auroient vu comme les autres, auroient-ils paffé fous filence un fi glorieux myftère, & fi avantageux à leur Maître, vu qu'ils rapportent quantité d'autres circonftances de fa vie & de fes actions, qui font beaucoup moins confidérables que celle-ci? Comment Matthieu ne fait-il pas mention expreffe de cette Afcenfion, & n'explique-t-il pas clairement de quelle manière il demeureroit toujours avec eux, quoiqu'il les quittat vifiblement pour monter au Ciel? Il n'eft pas facile de comprendre,

par

par quel ſecret il pouvoit demeurer avec ceux qu'il quittoit.

Je paſſe ſous ſilence quantité d'autres contradictions; ce que je viens de dire ſuffit pour faire voir que ces Livres ne viennent d'aucune inſpiration divine, ni même d'aucune ſageſſe humaine, & par conſéquent qu'ils ne méritent pas qu'on y ajoute aucune foi.

CHAPITRE III.

MAis par quel privilège ces quatre Evangiles & quelques autres ſemblables Livres paſſent-ils pour Saints & Divins, plutôt que pluſieurs autres qui ne portent pas moins le titre d'Evangile, & qui ont autrefois été comme les premiers publiés ſous le nom de quelques autres Apôtres? Si l'on dit que les Evangiles réfutés ſont ſuppoſés & fauſſement attribués aux Apôtres, on en peut dire autant des premiers; ſi l'on ſuppoſe les uns falſifiés & corrompus, on en peut ſuppoſer autant pour les autres. Ainſi il n'y a point de preuve aſſurée pour diſcerner les uns d'avec les autres, en dépit de l'Egliſe qui veut en décider, elle n'eſt pas plus croyable.

Pour ce qui eſt des prétendus miracles rapportés dans le vieux Teſtament, ils n'auroient été faits que pour marquer de la part de Dieu une injuſte & odieuſe acception de peuples & de perſonnes, & pour accabler de maux, de propos délibéré, les uns, pour favoriſer tout particuliérement les autres. La vocation & le choix que Dieu fit des Patriarches Abraham, Iſaac & Jacob, pour de leur poſtérité ſe faire un peuple qu'il ſanctifieroit & béniroit par deſſus tous les autres peuples de la Terre, en eſt une preuve.

Mais,

Mais, dira-t-on, Dieu est le maître absolu de ses graces & de ses bienfaits, il peut les accorder à qui bon lui semble, sans qu'on ait droit de s'en plaindre ni l'accuser d'injustice. Cette raison est vaine; car Dieu, l'auteur de la nature, le père de tous les hommes, doit également les aimer tous, comme ses propres ouvrages; & par conséquent, il doit également être leur protecteur, & leur bienfaiteur; car celui qui donne l'être, doit donner les suites & les conséquences nécessaires pour le bien-être; si ce n'est que nos Christicoles veuillent dire, que leur Dieu voudroit faire exprès des créatures pour les rendre miserables, ce qu'il seroit certainement indigne de penser d'un Etre infiniment bon.

De plus si tous les prétendus miracles, tant du vieux que du nouveau Testament, étoient véritables, on pourroit dire que Dieu auroit eu plus de soin de pourvoir au moindre bien des hommes qu'à leur plus grand & principal bien; qu'il auroit voulu plus sévérement punir dans de certaines personnes, des fautes légères, qu'il n'auroit puni dans d'autres de très-grands crimes; & enfin qu'il n'auroit pas voulu se montrer si bienfaisant dans les plus pressans besoins, que dans les moindres. C'est ce qu'il est facile de faire voir, tant par les miracles qu'on prétend qu'il a faits, que par ceux qu'il n'a pas faits, & qu'il auroit néanmoins plutôt faits qu'aucun autre, s'il étoit vrai qu'il en eût fait. Par exemple, dire que Dieu auroit eu la complaisance d'envoyer un Ange pour consoler & secourir une simple servante, pendant qu'il auroit laissé & qu'il laisse encore tous les jours languir & mourir de misère une infinité d'innocens: qu'il auroit conservé miraculeusement pendant quarante ans les habillemens & les chaussures d'un

mi-

misérable peuple, pendant qu'il ne veut pas veiller à la conservation naturelle de tant de biens si utiles & nécessaires pour la subsistance des peuples, & qui se sont néanmoins perdus & se perdent encore tous les jours par différens accidens. Quoi! il auroit envoyé aux premiers Chefs du Genre humain, Adam & Eve, un Démon, un Diable, ou un simple serpent, pour les séduire, & pour perdre par ce moyen tous les hommes? cela n'est pas croyable. Quoi! il auroit voulu, par une grace spéciale de sa providence, empêcher que le Roi de Géraris Payen ne tombât dans une faute légère avec une femme étrangère, faute cependant qui n'auroit eu aucune mauvaise suite; & il n'auroit pas voulu empêcher qu'Adam & Eve ne l'offensassent, & ne tombassent dans le péché de desobéïssance, péché qui, selon nos Christicoles, devoit être fatal, & causer la perte de tout le Genre humain? Cela n'est pas croyable.

Venons aux prétendus miracles du nouveau Testament. Ils consistent, comme on le prétend, en ce que Jesus-Christ & ses Apôtres guérissoient divinement toutes sortes de maladies & d'infirmités, en ce qu'ils rendoient, quand ils vouloient, la vue aux aveugles, l'ouïe aux sourds, la parole aux muets, qu'ils faisoient marcher droit les boiteux, qu'ils guérissoient les paralitiques, qu'ils chassoient les démons des corps des possédés, & qu'ils ressuscitoient les morts.

On voit plusieurs de ces miracles dans les Evangiles, mais on en voit beaucoup plus dans les Livres que nos Christicoles ont faits des vies admirables de leurs Saints; car on y lit, presque partout, que ces prétendus bienheureux guérissoient les maladies & les infirmités, chassoient les Démons presqu'en toute rencontre, & ce au seul nom

de

de Jesus, ou par le seul signe de la Croix : qu'ils commandoient, pour ainsi dire, aux Elémens : que Dieu les favorisoit si fort, qu'il leur conservoit même après leur mort son divin pouvoir, & que ce divin pouvoir se seroit communiqué jusqu'au moindre de leurs habillemens, & même jusqu'à l'ombre de leurs corps & jusqu'aux instrumens honteux de leur mort. Il est dit que la chaussette de Saint Honoré ressuscita un mort au six de Janvier; que les bâtons de Saint Pierre, de Saint Jacques & de Saint Bernard opéroit des miracles. On dit de même de la corde de Saint François, du bâton de Saint Jean de Dieu & de la ceinture de Sainte Mélanie. Il est dit de Saint Gracilien qu'il fut divinement instruit de ce qu'il devoit croire & enseigner, & qu'il fit par le mérite de son oraison, reculer une montagne, qui l'empêchoit de bâtir une Eglise. Que du sépulcre de Saint André il en couloit sans cesse une liqueur qui guérissoit toutes sortes de maladies. Que l'ame de St. Benoît fut vüe monter au Ciel : revêtüe d'un précieux manteau, & environnée de lampes ardentes. St. Dominique disoit que Dieu ne l'avoit jamais éconduit de choses qui lui eût demandées. Que St. François commandoit aux hirondelles, aux cygnes & autres oiseaux, qu'ils lui obéissoient; & que souvent les poissons, les lapins & les liévres venoient se mettre entre ses mains & dans son giron. Que St. Paul & St. Pantaleon ayant eu la tête tranchée, il en sortit du lait au lieu de sang. Que le bienheureux Pierre de Luxembourg dans les deux premiéres années d'après sa mort, 1388 & 1389 fit 2400 miracles, entre lesquels il y eux 42 morts ressuscités, non compris plus de trois mille autres miracles qu'il a faits depuis; sans ceux qu'il fait encore tous les jours. Que les cin-

cinquante Philosophes que Ste. Catherine convertit, ayant tous été jettés dans un grand feu, leurs corps furent après trouvés entiers, & pas un seul de leurs cheveux brûlés ; que le corps de Ste. Cathérine fut enlevé par les Anges après sa mort, & enterré par eux sur le mont Sinaï. Que le jour de la Canonisation de St. Antoine de Padoüe toutes les cloches de la Ville de Lisbonne sonnèrent d'elles-mêmes sans que l'on sçût d'où cela venoit ; que ce Saint étant un jour sur le bord de la mer, & ayant appelé les poissons pour les prêcher, ils vinrent devant lui en foule, & mettant la tête hors de l'eau ils l'écoutoient attentivement. On ne finiroit point s'il falloit rapporter toutes ces balivernes : il n'y a sujet si vain & si frivole, & même si ridicule, où les Auteurs de ces vies de Saints, ne prennent plaisir d'entasser miracles sur miracles, tant ils sont habiles à forger de beaux mensonges. Voyez aussi le sentiment de Naudé sur cette matière dans son Apologie des Grands-hommes, Tom. 2. p. 13.

Ce n'est pas sans raison en effet, que l'on regarde ces choses comme de vains mensonges ; car il est facile de voir que tous ces prétendus miracles n'ont été inventés qu'à l'imitation des fables des Poëtes Payens ; c'est ce qui paroît assez visiblement par la conformité qu'il y a des uns aux autres.

CHAPITRE IV.

Conformité des anciens & nouveaux Miracles.

SI nos Christicoles disent que Dieu donnoit véritablement pouvoir à ses Saints de faire tous les miracles rapportés dans leurs vies, de même auſſi les Payens diſent que les filles d'Anius Grand-Prêtre d'Apollon avoient véritablement reçu du Dieu Bacchus la faveur & le pouvoir de changer tout ce qu'elles voudroient en bled, en vin, en huile &c.

Que Jupiter donna aux Nymphes qui eurent ſoin de ſon éducation une corne de la chèvre qui l'avoit allaité dans ſon enfance, avec cette proprieté qu'elle leur fourniſſoit abondamment de tout ce qui leur viendroit à ſouhait.

Si nos Chriſticoles diſent que leurs Saints avoient le pouvoir de reſſuſciter les morts, & qu'ils avoient des révélations divines, les Payens avoient dit avant eux, qu'Athalide fils de Mercure avoit obtenu de ſon Père le don de pouvoir vivre, mourir & reſſuſciter quand il voudroit, & qu'il avoit auſſi la connoiſſance de tout ce qui ſe faiſoit au monde, & en l'autre vie; & qu'Eſculape, fils d'Apollon, avoit reſſuſcité des morts, & entr'autres qu'il reſſuſcita Hypolite fils de Théſée à la prière de Diane, & qu'Hercule reſſuſcita auſſi Alceſte femme d'Admet Roi de Theſſalie pour la rendre à ſon mari.

Si nos Chriſticoles diſent que leur Chriſt eſt né miraculeuſement d'une Vierge, ſans connoiſſance d'homme, les Payens avoient déja dit avant eux, que Rémus & Romulus fondateurs de Rome, étoient miraculeuſement nés d'une Vierge Veſtale nommée Ilia, ou Silvia, ou Rea Silvia; ils avoient déja dit que Mars, Arge, Vulcain & autres, avoient été engendrés de la Déeſſe Junon, ſans connoiſſance d'homme, & avoient déja dit auſſi, que Minerve Déeſſe des Sciences avoit été engendrée dans le cerveau de Jupiter, & qu'elle en ſortit toute armée, par la force d'un coup de poing, dont ce Dieu ſe frappa la tête.

Si

Si nos Chriſticoles diſent que leurs Saints faiſoient ſortir des fontaines d'eau des rochers, les Payens diſent de même, que Minerve fit jaillir une fontaine d'huile, en récompenſe d'un Temple qu'on lui avoit dédié.

Si nos Chriſticoles ſe vantent d'avoir reçu miraculeuſement des images du Ciel, comme par exemple celle de Nôtre Dame de Lorette & de Lieſſe, & pluſieurs autres préſens du Ciel, comme la prétendüe Ste. Ampoule de Rheims, comme la Chaſuble blanche que St. Ildefonſe reçut de la Vierge Marie, & autres choſes ſemblables; les Payens ſe vantoient avant eux, d'avoir reçu un bouclier ſacré, pour marque de la conſervation de leur ville de Rome; & les Troyens ſe vantoient avant eux d'avoir reçu miraculeuſement du Ciel leur Palladium, ou leur ſimulacre de Pallas, qui vint, diſoient-ils, prendre ſa place dans le Temple qu'on avoit édifié à l'honneur de cette Déeſſe.

Si nos Chriſticoles diſent que leur Jeſus-Chriſt fut vû par ſes Apôtres monter glorieuſement au Ciel, & que pluſieurs ames de leurs prétendus Saints furent vües tranſférées glorieuſement au Ciel par les Anges; les Payens Romains avoient déja dit avant eux, que Romulus leur fondateur fut vu tout glorieux après ſa mort; que Ganimède fils de Tros Roi de Troye, fut par Jupiter tranſporté au Ciel, pour lui ſervir d'Echanſon; que la chevelure de Bérénice ayant été conſacrée au Temple de Vénus, fut après tranſportée au Ciel: ils diſent la même choſe de Caſſiopée & d'Andromède, & même de l'âne de Silène.

Si nos Chriſticoles diſent que pluſieurs corps de leurs Saints ont été miraculeuſement préſervés de corruption après leur mort, & qu'ils ont été retrouvés par des révélations divines, après avoir été un fort long-temps per-

 dus

dus ſans ſçavoir où ils pouvoient être ; les Payens en diſent de même du corps d'Oreſte, qu'ils prétendent avoir été trouvé par l'avertiſſement de l'Oracle &c.

Si nos Chriſticoles diſent que les ſept frères dormans dormirent miraculeuſement pendant 177 ans, qu'ils furent enfermés dans une caverne ; les Payens diſent qu'Epiménides le Philoſophe dormit pendant 57 ans dans une caverne où il s'étoit endormi.

Si nos Chriſticoles diſent que pluſieurs de leurs Saints parloient encore miraculeuſement après avoir eu la tête ou la langue coupées ; les Payens diſent que la tête de Gabienus chanta un long poëme, après avoir été ſéparée de ſon corps.

Si nos Chriſticoles ſe glorifient de ce que leurs Temples & Egliſes ſont ornées de pluſieurs tableaux & riches préſens, qui montrent les guériſons miraculeuſes qui ont été faites par l'interceſſion de leurs Saints ; on voit auſſi, ou du moins on voyoit autrefois, dans le Temple d'Eſculape, en Epidaure, quantité de tableaux des cures & guériſons miraculeuſes qu'il avoit faites.

Si nos Chriſticoles diſent que pluſieurs de leurs Saints ont été miraculeuſement conſervés dans les flammes ardentes, ſans y recevoir aucun dommage dans leurs corps, ni dans leurs habits ; les Payens diſoient que les Religieuſes du Temple de Diane marchoient ſur les charbons ardens pieds nuds, ſans ſe bruler & ſans ſe bleſſer les pieds, & que les Prêtres de la Déeſſe Féronie & de Hyrpicus, marchoient de même ſur des charbons ardens, dans les feux de joye que l'on faiſoit à l'honneur d'Apollon.

Si les Anges bâtirent une chapelle à Saint Clément au fond de la Mer, la petite maiſon de Baucis & de Phile-

mon

mon fut miraculeuſement changée en un ſuperbe Temple en récompenſe de leur piété.

Si pluſieurs de leurs Saints, comme Saint Jacques, Saint Maurice &c. ont pluſieurs fois paru dans leurs armées, montés & équipés à l'avantage, combattre en leur faveur; Caſtor & Pollux ont paru pluſieurs fois en bataille combattre pour les Romains contre leurs ennemis.

Si un belier ſe trouva miraculeuſement pour être offert en ſacrifice à la place d'Iſaac, lorſque ſon Père Abraham le vouloit ſacrifier; la Déeſſe Veſta envoya auſſi une geniſſe pour lui être ſacrifiée à la place de Metella fille de Metellus : la Déeſſe Diane envoya de même une biche à la place d'Iphigénie, lorſquelle étoit ſur le bucher pour lui être immolée, & par ce moyen Iphigénie fut délivrée.

Si Saint Joſeph fuit en Egypte, ſur l'avertiſſement de l'Ange; Simonides le Poëte évita pluſieurs dangers mortels, ſur un avertiſſement miraculeux qui lui en fut fait.

Si Moïſe fit ſortir une ſource d'eau vive d'un rocher en le frapant de ſon bâton; le Cheval Pégaſe en fit autant, en frapant de ſon pied un rocher, il en ſortit une fontaine.

Si Saint Vincent Ferrier reſſuſcita un mort haché en pièces, & dont le corps étoit déja moitié cuit & moitié roti, Pelops fils de Tantale Roi de Phrygie, ayant été mis en pièces par ſon père, pour le faire manger aux Dieux, ils en ramaſſèrent tous les membres, les réunirent & lui rendirent la vie.

Si pluſieurs Crucifix & autres images ont miraculeuſement parlé & rendu des réponſes, les Payens diſent que leurs Oracles ont divinement parlé, & rendu des réponſes à ceux qui les conſultoient, & que la tête d'Orphée & celle de Policrates rendoient des oracles après leur mort.

 Si

Si Dieu fit connoître par une voix du Ciel, que Jeſus-Chriſt étoit ſon fils comme le citent les Evangeliſtes, Vulcain fit voir par l'apparition d'une flamme miraculeuſe que Cœculus étoit véritablement ſon fils.

Si Dieu a miraculeuſement nourri quelques-uns de ſes Saints; les Poëtes Payens diſent que Triptolème fut miraculeuſement nourri d'un lait divin par Cérès, qui lui donna auſſi un char attelé de deux dragons, & que Phénée fils de Mars, étant ſorti du ventre de ſa mère déja morte, fut néanmoins miraculeuſement nourri de ſon lait.

Si pluſieurs Saints ont miraculeuſement adouci la cruauté & la férocité des bêtes les plus cruelles; il eſt dit qu'Orphée attiroit à lui par la douceur de ſon chant & l'harmonie de ſes inſtrumens, les lions, les ours & les tigres, & adouciſſoit la férocité de leur nature; qu'il attiroit à lui les rochers, les arbres, & même les riviéres arrêtoient leurs cours pour l'entendre chanter.

Enfin pour abréger, car on en pourroit rapporter bien d'autres, ſi nos Chriſticoles diſent que les murailles de la ville de Jéricho tombèrent par le ſon des trompettes; les Payens diſent que les murailles de la ville de Thèbes furent bâties par le ſon des inſtrumens de muſique d'Amphion, les pierres, diſent les Poëtes, s'étant agencées d'elles-mêmes, par la douceur de ſon harmonie; ce qui ſeroit encore bien plus miraculeux & plus admirable, que de voir tomber des murailles par terre.

Voilà certainement une grande conformité de miracles de part & d'autre. Comme ce ſeroit une grande ſotiſe d'ajouter foi à ces prétendus miracles du Paganiſme, ce n'en eſt pas moins une d'en ajouter à ceux du Chriſtianiſme, puiſqu'ils ne viennent tous que d'un même principe pe d'erreur. C'étoit pour cela auſſi que les Manichéens & les Ariens, qui étoient vers le commencement du Chriſtianiſme, ſe moquoient de ces prétendus miracles, faits par l'invocation des Saints, & blâmoient ceux qui les invoquoient après leur mort, & qui honoroient leurs reliques.

Revenons à préſent à la principale fin que Dieu ſe ſeroit propoſée en envoyant ſon fils au monde, qui ſe ſeroit fait homme; ç'auroit été, comme il eſt dit, d'ôter les péchés du monde & de détruire entiérement les œuvres du prétendu Démon &c. c'eſt ce que nos Chriſticoles ſoutiennent, comme auſſi que Jeſus-Chriſt auroit bien voulu mourir pour l'amour d'eux, ſuivant l'intention de Dieu ſon Père, ce qui eſt clairement marqué dans tous les prétendus ſaints Livres.

Quoi! un Dieu tout-puiſſant & qui auroit voulu ſe faire homme mortel pour l'amour d'eux, & répandre juſqu'à la dernière goute de ſon ſang pour les ſauver tous, auroit voulu borner ſa puiſſance à guérir ſeulement quelques maladies & quelques infirmités du corps, dans quelques infirmes qu'on lui auroit préſentés, & il n'auroit pas voulu employer ſa bonté divine à guérir toutes les infirmités de nos ames, c'eſt-à-dire à guérir tous les hommes de leurs vices & de leurs déréglemens, qui ſont pires que les maladies du corps? Cela n'eſt pas croyable. Quoi! un Dieu ſi bon auroit voulu miraculeuſement préſerver des corps morts de pourriture & de corruption, & il n'auroit pas voulu de même préſerver de la contagion & de la corruption du vice & du péché, les ames d'une infinité de perſonnes qu'il ſeroit venu racheter au prix de ſon ſang, & qu'il devoit ſanctifier par ſa grace? Quelle pitoyable contradiction!

CHAPITRE IV.

IIme. *Preuve de la fausseté de la Religion, tirée des prétendües Visions & Révélations Divines.*

VEnons aux prétendües Visions & Révélations Divines, sur lesquelles nos Christicoles fondent & établissent la vérité & la certitude de leur Religion.

Pour en donner une juste idée je ne crois pas qu'on puisse mieux faire que de dire en general, qu'elles sont telles, que si quelqu'un osoit maintenant se vanter d'en avoir de semblables & qu'il voulût s'en prévaloir, on le regarderoit infailiblement comme un fol, un fanatique.

Voici quelles furent ces prétendües visions & révélations divines.

Dieu, disent les prétendus saints Livres, s'étant pour la premiére fois apparu à Abraham, lui dit : « Sortez de » votre pays (il étoit alors en Caldée), quittez la mai» son de votre père, & allez-vous-en au pays que je vous » montrerai. « Cet Abraham y étant allé, Dieu, dit l'histoire, Gen. 12. 1. s'apparut une seconde fois à lui, & lui dit : » Je donnerai tout ce pays-ci où vous êtes, à votre » postérité. En reconnoissance de cette gracieuse promesse Abraham lui dressa un Autel.

Après la mort d'Isaac, son fils Jacob allant un jour en Mésopotamie, pour chercher une femme qui lui fût convenable, ayant marché tout le jour, se sentant fatigué du chemin, il voulut se reposer sur le soir ; couché par terre, sa tête appuyée sur quelques pierres pour s'y reposer, il s'endormit, & pendant son sommeil il vit en songe une échelle dressée de la terre à l'extrémité du Ciel, & il

lui

lui sembloit voir les Anges monter & descendre par cette échelle, & qu'il voyoit Dieu lui-même s'appuyer sur le plus haut bout, lui disant ; » Je suis le Seigneur, le Dieu » d'Abraham & le Dieu d'Isaac votre père ; je vous » donnerai à vous & à votre postérité, tout le pays » où vous dormez ; elle sera aussi nombreuse que la » poussiére de la terre ; elle s'étendra depuis l'Orient jus- » qu'à l'Occident, & depuis le Midi jusqu'au Septentrion ; » je serai votre protecteur partout où vous irez ; je vous » raménerai sain & sauf de cette terre, & je ne vous aban- » donnerai point, que je n'aye accompli tout ce que je » vous ai promis. « Jacob s'étant éveillé dans ce songe, fut saisi de crainte, & dit : » Quoi ! Dieu est vraiment ici, » & je n'en sçavois rien. Ah ! que ce lieu-ci est terrible, » puisque ce n'est autre chose que la Maison de Dieu » & la porte du Ciel ! « Puis s'étant levé, il dressa une pierre, sur laquelle il répandit de l'huile en mémoire de ce qui venoit de lui arriver, & fit en même tems vœu à Dieu, que s'il revenoit sain & sauf, il lui offriroit la dixme de tout ce qu'il auroit.

Voici encore une autre vision. Gardant les troupeaux de son beau-père Laban, qui lui avoit promis que tous les agneaux de diverses couleurs que les brebis produiroient, seroient sa récompense, il songea une nuit, qu'il voyoit les mâles sauter sur les femelles, & qu'elles lui produisoient toutes des agneaux de diverses couleurs. Dans ce beau songe Dieu lui apparut & lui dit : * » Regardez & » voyez comme les mâles montent sur les femelles, & » comme ils sont de diverses couleurs ; car j'ai vu la

» trom-

* *Gen.* 31. 12.

» tromperie & l'injuſtice que vous fait Laban vôtre beau-
» père ; levez-vous donc maintenant, ſortez de ce pays-
» ci, & retournez dans le vôtre. « Comme il s'en retour-
noit avec toute ſa famille, & avec ce qu'il avoit gagné chez ſon beau-père, il eut, dit l'hiſtoire, en rencontre pendant la nuit un homme inconnu, contre lequel il lui fallut combattre toute la nuit juſqu'au point du jour ; & cet homme ne l'ayant pu vaincre, il lui demanda qui il étoit. Jacob lui dit ſon nom : » Vous ne ſerez plus appellé Ja-
» cob, mais Iſraël, car puiſque vous avez été fort en com-
» battant contre Dieu, à plus forte raiſon ſerez-vous fort
» en combattant contre les hommes. Gen. 32. 25. 28.

Voilà quelles furent en partie les premiéres de ces prétendües viſions & révélations divines. Il ne faut pas juger autrement des autres que de celles-ci. Or quelle apparence de divinité y a-t-il dans des ſonges ſi groſſiers & dans des illuſions ſi vaines ? Si quelques perſonnes venoient maintenant nous conter de pareilles ſornettes, & les cruſſent pour de véritables révélations divines ; comme par exemple, ſi quelques étrangers, quelques Allemands venus dans notre France, & qui auroient vu toutes les plus belles Provinces du Royaume, venoient à dire que Dieu leur ſeroit apparu dans leur pays, qu'il leur auroit dit de venir en France, & qu'il leur donneroit à eux & à tous leurs deſcendans, toutes les belles Terres, Seigneuries, & Provinces de ce Royaume, qui ſont depuis les fleuves du Rhin & du Rhône, juſqu'à la Mer Océane ; qu'il feroit une éternelle alliance avec eux, qu'il multiplieroit leur race, qu'il rendroit leur poſtérité auſſi nombreuſe que les étoiles du Ciel & que les grains de ſable de la mer &c. qui ne riroit de telles ſotiſes, & qui ne regarderoit ces étrangers comme des fous? Il n'y a certainement personne qui ne les regardat comme tels, & qui ne se moquât de toutes ces belles visions & révélations divines.

Or il n'y a aucune raison de juger ni de penser autrement de tout ce qu'on fait dire à ces grands prétendus Sts. Patriarches Abraham, Isaac & Jacob sur les prétendües révélations divines qu'ils disoient avoir eu.

A l'égard de l'institution des sacrifices sanglans, les Livres sacrés l'attribuent manifestement à Dieu. Comme il seroit trop ennuyant de faire les détails dégoutans de ces sortes de sacrifices, je renvoye le Lecteur à l'Exode ch. 25. 1: 27. 1. & 21: 28. 3: 29. 1: ibid. ℣. 2. ℣. 4. 5. 6. 7. 8. 9. 10. 11.

Mais les hommes n'étoient-ils pas bien fous & bien aveuglés de croire faire honneur à Dieu, de déchirer, tuer & brûler ses propres créatures sous prétexte de lui en faire des sacrifices? Et maintenant encore comment est-ce que nos Christicoles sont si extravagans que de croire faire un plaisir extrême à leur Dieu le Père de lui offrir éternellement en sacrifice son Divin Fils en mémoire de ce qu'il auroit été honteusement & miserablement pendu à une croix où il seroit expiré? Certainement cela ne peut venir que d'un opiniâtre aveuglement d'esprit.

A l'égard du détail des sacrifices d'animaux, il ne consiste qu'en des vêtemens de couleurs, en sang, fressures, foyes, jabots, rognons, ongles, peaux, fiente, fumée, gâteaux, certaines mesures d'huile & de vin; le tout offert, & infecté de cérémonies sales & aussi pitoyables que des opérations de magie les plus extravagantes.

Ce qu'il y a de plus horrible, c'est que la Loi de ce détestable peuple Juif ordonnoit aussi que l'on sacrifiât

des

des hommes. Les Barbares (tels qu'ils ſoient) qui avoient rédigé cette loi affreuſe, ordonnoient Levit. ch. 27. que l'on fit mourir ſans miſéricorde tout homme qui avoit été voué au Dieu des Juifs, qu'ils nommoient Adonaï, & c'eſt ſelon ce précepte exécrable que Jephté immola ſa fille, que Saül voulut immoler ſon fils.

Mais voici encore une preuve de la fauſſeté de ces révélations, dont nous avons parlé. C'eſt le défaut d'accompliſſement des grandes & magnifiques promeſſes qui les accompagnoient; car il eſt conſtant que ces promeſſes n'ont jamais été accomplies.

La preuve de cela conſiſte en trois choſes principales: 1°. A rendre leur poſtérité plus nombreuſe que tous les autres peuples de la terre &c. 2°. A rendre le peuple qui viendroit de leur race, le plus heureux, le plus ſaint & le plus triomphant de tous les peuples de la terre &c. 3°. Et auſſi à rendre ſon alliance éternelle, & qu'ils poſſéderoient à jamais le pays qu'il leur donneroit. Or il eſt conſtant que ces promeſſes n'ont jamais été accomplies.

Premiérement. Il eſt certain que le peuple Juif, ou le peuple d'Iſraël, qui eſt le ſeul qu'on puiſſe regarder comme deſcendans des Patriarches Abraham, Iſaac & Jacob, & le ſeul dans lequel ces promeſſes auroient dû s'accomplir, n'a jamais été ſi nombreux pour qu'il puiſſe être comparable en nombre aux autres peuples de la terre, beaucoup moins par conſéquent aux grains de ſable &c.; car l'on voit que dans le tems même qu'il a été le plus nombreux & le plus floriſſant, il n'a jamais occupé que les petites Provinces ſtériles de la Paleſtine & des environs, qui ne ſont preſque rien en comparaiſon de la vaſte éten-

dûe

due d'une multitude de Royaumes florissans qui sont de tous côtés sur la terre.

Secondement. Elles n'ont jamais été accomplies touchant les grandes bénédictions dont ils auroient dû être favorisés; car quoiqu'ils ayent remporté quelques petites victoires sur des pauvres peuples qu'ils ont pillés, cela n'a pas empêché qu'ils n'ayent été le plus souvent vaincus & reduits en servitude; leur Royaume détruit aussi-bien que leur nation par l'armée des Romains : & maintenant encore nous voyons que le reste de cette malheureuse nation n'est regardé que comme le peuple le plus vil & le plus méprisable de toute la terre, n'ayant en aucun endroit ni domination ni supériorité.

Troisiémement. Enfin ces promesses n'ont point été non plus accomplies à l'égard de cette alliance éternelle que Dieu auroit dû faire avec eux; puisque l'on ne voit maintenant & que l'on n'a même jamais vu aucune marque de cette alliance; & qu'au contraire ils sont, depuis plusieurs siècles, exclus de la possession du petit pays qu'ils prétendent leur avoir été promis de la part de Dieu pour en jouïr à tout jamais. Ainsi toutes ces prétendües promesses n'ayant point eu leur effet, c'est une marque assurée de leur fausseté. Ce qui prouve manifestement encore, que ces prétendus saints & sacrés Livres qui les contiennent, n'ont pas été faits par l'inspiration de Dieu. Donc c'est en vain que nos Christicoles prétendent s'en servir comme d'un témoignage infaillible pour prouver la vérité de leur Religion.

CHA-

CHAPITRE V.

PREMIERE SECTION.

De l'Ancien Testament.

NOs Christicoles mettent encore au rang des motifs de crédibilité & des preuves certaines de la vérité de leur Religion, les Prophéties, qui sont, prétendent-ils, des témoignages assurés de la vérité des révélations ou inspirations de Dieu, n'y ayant que Dieu seul qui puisse certainement prédire les choses futures si longtems avant qu'elles soient arrivées, comme sont celles qui ont été prédites par les Prophêtes.

Voyons donc ce que c'est que ces prétendus Prophêtes, & si l'on en doit faire tant d'état que nos Christicoles le prétendent.

Ces hommes n'étoient que des visionnaires & des fanatiques, qui agissoient & parloient suivant les impulsions ou les transports de leurs passions dominantes, & qui s'imaginoient cependant, que c'étoit par l'esprit de Dieu qu'ils agissoient & qu'ils parloient; ou bien c'étoit des imposteurs qui contrefaisoient les Prophêtes, & qui, pour tromper plus facilement les ignorans & les simples, se vantoient d'agir & de parler par l'esprit de Dieu.

Je voudrois bien sçavoir comment seroit reçu un Ezéchiel qui dit ch. 3. & 4. que Dieu lui a fait manger à son déjeûner un livre de parchemin, lui a ordonné de se faire lier comme un fou, lui a prescrit de se coucher 390 jours sur le côté droit & 40 sur le gauche; lui a commandé de manger de la merde sur son pain, & ensuite par accom-

mode-

modement de la fiente de bœuf? Je demande comment un pareil extravagant feroit reçu chez les plus imbécilles mêmes de tous nos Provinciaux ?

Quelle plus grande preuve encore de la fauffeté de ces prétendües prédictions, que les reproches violens que ces Prophêtes fe faifoient les uns aux autres, de ce qu'ils parloient fauffement au nom de Dieu; reproches mêmes qu'ils fe faifoient, difoient-ils, de la part de Dieu. Voyez Ezech. 13. 1. Sophon. 3. 4. & Erem. 2. 4.

Ils difent tous, *gardez-vous des faux Prophêtes*, comme les vendeurs de Mitridate difent, *gardez-vous des Pillules contrefaites.*

Ces malheureux font parler Dieu d'une manière dont un crocheteur n'oferoit parler. Dieu dit au 23 chap. d'Ezechiel, que la jeune Oolla n'aime que ceux qui ont membre d'ane & fperme de cheval. Comment ces fourbes infenfés auroient-ils connu l'avenir? Nulle prédiction en faveur de leur nation Juive n'a été accomplie.

Le nombre des Prophéties qui prédifent la félicité & la grandeur de Jérufalem, eft prefque innombrable; auffi dira-t-on, il eft très naturel qu'un peuple vaincu & captif fe confole dans fes maux réels par des efpérances imaginaires, comme il ne s'eft pas paffé une année depuis la deftitution du Roi Jacques, que les Irlandois de fon parti n'ayent forgé plufieurs prophéties en fa faveur.

Mais fi ces promeffes faites aux Juifs fe fuffent effectivement trouvées véritables, il y auroit déja longtems que la Nation Juive auroit été & feroit encore le peuple le plus nombreux, le plus puiffant, le plus heureux & le plus triomphant.

DEU-

DEUXIEME SECTION.

Du Nouveau Testament.

IL faut maintenant examiner les prétendües Prophéties contenues dans les Evangiles.

Premiérement. Un Ange s'étant apparu en songe à un nommé Joseph, père au moins putatif de Jesus fils de Marie, lui dit : » Joseph fils de David, ne craignez point de » prendre chez vous Marie votre épouse ; car ce qui est » dans elle est l'ouvrage du St. Esprit. * Elle vous en» fantera un fils que vous appellerez Jesus, parce que ce » sera lui qui délivrera son peuple de ses péchés.

Cet Ange dit aussi à Marie : » Ne craignez point, parce » que vous avez trouvé grace devant Dieu. Je vous dé» clare que vous concevrez dans votre sein, & que vous » enfanterez un fils que vous nommerez Jesus. Il sera » grand, sera appellé le fils du Très-haut. Le Seigneur » Dieu lui donnera le Thrône de David son Père ; il » régnera à jamais dans la maison de Jacob, & son régne » n'aura point de fin. Matth. I. 20. & Luc. I. 3.

Jesus commença à prêcher & à dire, » Faites pénitence, » car le Royaume du Ciel approche. Matth. 4. 17. Ne vous » mettez pas en peine, & ne dites pas, que mangerons» nous ? ou que boirons-nous? ou de quoi serons-nous vétus? » car votre Père céleste sçait que toutes ces choses vous » sont nécessaires. Cherchez donc premiérement le Royau» me

* *Combien*, dit Montagne, *y a-t-il d'histoires de semblables cocuages procurés par les Dieux, contre les pauvres humains &c. Ess. p.* 500.

» me de Dieu & sa justice, & toutes ces choses vous seront données pour surcroit. Matth. 6. 30. 31. 32.

Or maintenant que tout homme qui n'a pas perdu le sens commun, examine un peu, si ce Jesus a été jamais Roi, si ses disciples ont eu toutes choses en abondance.

Ce Jesus promet souvent qu'il délivrera le monde du péché. Y a-t-il une prophétie plus fausse? & notre siècle n'en est-il pas une preuve parlante?

Il est dit que ce Jesus est venu sauver son peuple. Quelle façon de le sauver! C'est la plus grande partie qui donne la dénomination à une chose: une douzaine ou deux, par exemple, d'Espagnols, ou de François, ne sont pas le peuple François ou le peuple Espagnol; & si une armée de cent vingt mille hommes étoit faite prisonnière de guerre par une plus forte armée d'ennemis, & si le chef de cette armée rachetoit seulement quelques hommes, comme dix à douze soldats ou officiers en payant leur rançon, on ne diroit pas pour cela qu'il auroit délivré ou racheté son armée. Qu'est-ce donc qu'un Dieu qui vient se faire crucifier & mourir pour sauver tout le monde, & qui laisse tant de nations damnées? Quelle pitié & quelle horreur!

Jesus-Christ dit qu'il n'y a qu'à demander & qu'on recevra, qu'à chercher & qu'on trouvera. Il assure que tout ce qu'on demandera à Dieu en son nom, on l'obtiendra, & que si l'on avoit seulement la grosseur d'un grain de moutarde de foi, l'on feroit par une seule parole transporter des montagnes d'un endroit à un autre. Si cette promesse eût été véritable, rien ne paroîtroit impossible à nos Christicoles qui ont la foi à leur Christ. Cependant tout le contraire arrive.

Si Mahomet eût fait de semblables promesses à ses sectateurs que le Christ en a fait aux siens sans aucun succès, que ne diroit-on pas? on crieroit, ha le fourbe! ha l'imposteur! ha les fous de croire un tel imposteur! Les voilà ces Christicoles eux-mêmes dans le cas; il y a longtemps qu'ils y sont sans revenir de leur aveuglement. Au contraire ils sont si ingénieux à se tromper, qu'ils prétendent que ces promesses ont eu leur accomplissement dès le commencement du Christianisme; étant pour lors, disent-ils, nécessaire qu'il y eût des miracles, afin de convaincre les incrédules de la vérité de la Religion; mais que cette Religion étant suffisamment établie, les miracles n'ont plus été nécessaires: où est donc la certitude de cette proposition?

D'ailleurs celui qui a fait ces promesses ne les a pas restraintes seulement pour un certain temps ni pour certains lieux, ni pour certaines personnes en particulier; mais il les a faites généralement à tout le monde. » La » foi de ceux qui croiront, dit-il, sera suivie de ces mi» racles-ci: ils chasseront les Démons en mon nom; ils » parleront diverses langues; ils toucheront les serpens &c.

A l'égard du transport des montagnes, il dit positivement que quiconque dira à une montagne, ôte-toi de là, & te jette dans la mer, pourvu qu'il n'hésite pas en son cœur, mais qu'il croye; tout ce qu'il commandera, sera fait. Ne sont-ce pas des promesses qui sont tout-à-fait générales, sans restriction de temps, de lieux ni de personnes?

Il est dit que toutes les sectes d'erreurs & d'impostures prendront honteusement fin. Mais si Jesus-Christ entend seulement dire qu'il a fondé & établi une société de

secta-

ſectateurs, qui ne tomberoient point dans le vice, ni dans l'erreur; ces paroles ſont abſolument fauſſes, puiſqu'il n'y a dans le Chriſtianiſme aucune ſecte, ni ſocieté & Egliſe, qui ne ſoit pleine d'erreurs & de vices, principalement la ſecte ou ſocieté de l'Egliſe Romaine, quoiqu'elle ſe diſe la plus pure & la plus ſainte de toutes. Il y a long-temps qu'elle eſt tombée dans l'erreur; elle y eſt née; pour mieux dire, elle y a été engendrée & formée; & maintenant elle eſt même dans des erreurs qui ſont contre l'intention, les ſentimens & la doctrine de ſon fondateur, puiſqu'elle a contre ſon deſſein aboli les loix des Juifs qu'il approuvoit, & qu'il étoit venu lui-même, diſoit-il, *pour les accomplir & non pour les détruire*, & qu'elle eſt tombée dans les erreurs & l'idolatrie du Paganiſme, comme il ſe voit par le culte idolatrique qu'elle rend à ſon Dieu de pâte, à ſes Saints, à leurs images & à leurs reliques.

Je ſçai bien que nos Chriſticoles regardent comme une groſſiéreté d'eſprit, de vouloir prendre au pied de la lettre les promeſſes & prophéties comme elles ſont exprimées; ils abandonnent le ſens littéral & naturel des paroles, pour leur donner un ſens qu'ils appellent myſtique & ſpirituel, & qu'ils nomment allégorique & tropologique; diſant, par exemple, que par le peuple d'Iſraël & de Juda, à qui ces promeſſes ont été faites, il faut entendre, non les Iſraëlites ſelon la chair, mais les Iſraëlites ſelon l'eſprit, c'eſt-à-dire les Chrêtiens, qui ſont l'Iſraël de Dieu, le vrai peuple choiſi.

Que par la promeſſe faite à ce peuple eſclave de le délivrer de la captivité, il faut entendre, non une délivrance corporelle d'un ſeul peuple captif, mais la délivrance ſpirituelle de tous les hommes, de la ſervitude du Démon, qui ſe devoit faire par leur divin Sauveur.

Que par l'abondance des richeſſes, & toutes les félicités temporelles promiſes à ce peuple, il faut entendre l'abondance des graces ſpirituelles; & qu'enfin par la ville de Jéruſalem il faut entendre, non la Jéruſalem terreſte, mais la Jéruſalem ſpirituelle, qui eſt l'Egliſe Chrétienne.

Mais il eſt facile de voir que ces ſens ſpirituels & allégoriques n'étant qu'un ſens étranger, imaginaire, un ſubterfuge des interprétes; il ne peut nullement ſervir à faire voir la vérité ni la fauſſeté d'une propoſition ni d'une promeſſe quelconque. Il eſt ridicule de forger ainſi des ſens allégoriques, puiſque ce n'eſt que par rapport au ſens naturel & véritable que l'on peut juger de la vérité ou de la fauſſeté. Une propoſition, par exemple, une promeſſe qui ſe trouve véritable dans le ſens propre & naturel des termes dans leſquels elle eſt conçüe, ne deviendra pas fauſſe en elle-même, ſous prétexte qu'on voudroit lui donner un ſens étranger qu'elle n'auroit pas : de même que celles qui ſe trouvent manifeſtement fauſſes dans leur ſens propre & naturel, ne deviendront pas véritables en elles-mêmes, ſous prétexte qu'on voudroit leur donner un ſens étranger qu'elles n'auroient pas.

On peut dire que les prophéties de l'Ancien Teſtament ajoutées au nouveau, ſont des choſes bien abſurdes & bien puériles. Par exemple, Abraham avoit deux femmes, dont l'une qui n'étoit que ſervante figuroit la Synagogue, & l'autre qui étoit épouſe figuroit l'Egliſe Chrétienne. Et ſous prétexte encore que cet Abraham avoit eu deux fils, dont l'un qui étoit de la ſervante figuroit le vieux Teſtament, & l'autre qui étoit de ſon épouſe figuroit le nouveau Teſtament. Qui ne riroit d'une ſi ridicule doctrine? *

N'eſt-il pas encore plaiſant qu'un morceau de drap rouge expoſé par une putain, pour ſervir de ſignal à des eſpions, dans l'ancien Teſtament, ſoit la figure du ſang de Jeſus-Chriſt répandu dans le nouveau?

Si ſuivant cette manière d'interpréter allégoriquement tout ce qui s'eſt dit, fait & pratiqué dans cette ancienne Loi des Juifs, on vouloit interpréter de même allégoriquement tous les diſcours, toutes les actions & toutes les avantures du fameux Don Quichote de la Manche; on y trouveroit certainement autant de myſtères & de figures.

C'eſt néanmoins ſur ce ridicule fondement que toute la Religion Chrétienne ſubſiſte. C'eſt pourquoi il n'eſt preſque rien dans cette ancienne Loi, que les Docteuts Chriſcoles ne tâchent d'expliquer myſtiquement.

La prophétie la plus fauſſe & la plus ridicule qu'on ait jamais faite eſt celle de Jeſus, dans Luc ch. 22. Il eſt prédit qu'il y aura des ſignes dans le ſoleil, & dans la lune, & que le fils de l'homme viendra dans une nuée juger les hommes; & il prédit cela pour la génération préſente. Cela eſt-il arrivé? le fils de l'homme eſt-il venu dans une nuée?

* *Spectatum admiſſi riſum teneatis amici.*
De Arte Poëtica Horat. 5. verſ.

CHAPITRE VI.

Vᵉ. *Preuve tirée des erreurs de la doctrine & de la morale.*

LA Religion Chrétienne, Apostolique & Romaine, enseigne & oblige de croire, qu'il n'y a qu'un seul Dieu, & en même tems qu'il y a trois personnes divines, chacune desquelles est véritablement Dieu. Ce qui est manifestement absurde; car s'il y en a trois qui soient véritablement Dieu, ce sont véritablement trois Dieux. Il est faux de dire qu'il n'y ait qu'un seul Dieu; ou s'il est vrai de le dire, il est faux de dire qu'il y en ait véritablement trois qui sont Dieu, puisqu'un & trois ne se peut véritablement dire d'une seule & même chose.

Il est aussi dit que la premiére de ces prétendues personnes divines, qu'on appelle le Père, a engendré la seconde personne qu'on appelle le Fils, & que ces deux premiéres personnes ensemble ont produit la troisiéme que l'on appelle le Saint Esprit, & néanmoins que ces trois prétenduës divines personnes ne dépendent point l'une de l'autre, & ne sont pas même plus anciennes l'une que l'autre. Cela est encore manifestement absurde, puisqu'une chose ne peut recevoir son être d'une autre, sans quelque dépendance de cet autre, & qu'il faut nécessairement qu'une chose soit, pour qu'elle puisse donner l'être à une autre. Si donc la seconde & la troisiéme personnes divines ont reçu leur être de la premiére, il faut nécessairement qu'elles dépendent dans leur être, de cette premiére personne, qui leur auroit donné l'être, ou qui les auroit en-

engendrées ; & il faut néceſſairement auſſi que cette premiére qui auroit donné l'être aux deux autres, ait été avant, puiſque ce qui n'eſt point, ne peut donner l'être à rien. D'ailleurs il répugne & eſt abſurde de dire, qu'une choſe qui auroit été engendrée ou produite n'auroit point eu de commencement. Or ſelon nos Chriſticoles, la ſeconde & la troiſiéme perſonne ont été engendrées ou produites ; donc elles ont eu un commencement ; & ſi elles ont eu un commencement, & que la premiére perſonne n'en ait point eu, comme n'ayant point été engendrée, ni produite d'aucune autre, il s'enſuit de néceſſité que l'une ait été avant l'autre.

Nos Chriſticoles qui ſentent ces abſurdités, & qui ne peuvent s'en parer par aucune bonne raiſon, n'ont point d'autre reſſource que de dire qu'il faut pieuſement fermer les yeux de la raiſon humaine, & humblement adorer de ſi hauts myſtères ſans vouloir les comprendre. Mais comme ce qu'ils appellent foi eſt ci-devant ſolidement réfuté, lorſqu'ils nous diſent qu'il faut ſe ſoumettre, c'eſt comme s'ils diſoient, qu'il faut aveuglément croire ce qu'on ne croit pas.

Nos Déichriſticoles condamnent ouvertement l'aveuglement des anciens Payens qui adoroient pluſieurs Dieux. Ils ſe raillent de la généalogie de leurs Dieux, de leurs naiſſances, de leurs mariages & de la génération de leurs enfans ; & ils ne prennent pas garde, qu'ils diſent des choſes beaucoup plus ridicules & plus abſurdes.

Si les Payens ont crû qu'il y avoit des Déeſſes auſſi-bien que des Dieux, que ces Dieux & ces Déeſſes ſe marioient, & qu'ils engendroient des enfans ; ils ne penſoient en cela rien que de naturel : car ils ne s'imaginoient pas encore que les Dieux fussent sans corps ni sentimens ; ils croyoient qu'ils en avoient aussi-bien que les hommes. Pourquoi n'y en auroit-il point eu de mâle & de femelle ? On ne voit point qu'il y ait plus de raison de nier ou de reconnoître plutôt l'un que l'autre ; & en supposant des Dieux & des Déesses, pourquoi n'engendreroient-ils pas en la manière ordinaire ? Il n'y auroit certainement rien de ridicule ni d'absurde dans cette doctrine, s'il étoit vrai que leurs Dieux existassent.

Mais dans la doctrine de nos Christicoles, il y a quelque chose de bien plus ridicule & de plus absurde ; car outre ce qu'ils disent d'un Dieu qui en fait trois, & de trois qui n'en font qu'un, ils disent que ce Dieu triple & unique, n'a ni corps, ni forme, ni figure ; que la premiére personne de ce Dieu triple & unique, qu'ils appellent le Père, a engendré toute seule une seconde personne qu'ils appellent le Fils, & qui est tout semblable à son Père, étant comme lui sans corps, sans forme & sans figure. Si cela est, qu'est-ce qui fait que la premiére s'appelle le Père plutôt que la mère ? & que la seconde se nomme plutôt le fils que la fille ? car si la premiére est véritablement plutôt père que mère, & si la seconde est plutôt fils que fille, il faut nécessairement qu'il y ait quelque chose dans l'une & dans l'autre de ces deux personnes, qui fasse que l'un soit père plutôt que mère, & l'autre plutôt fils que fille. Or qui pourroit faire cela, si ce n'est qu'ils seroient tous deux mâles & non femelles ? Mais comment seront-elles plutôt mâles que femelles, puisqu'elles n'ont ni corps, ni forme, ni figure ? Cela n'est pas imaginable & se détruit de soi-même. N'importe, ils disent toujours que ces deux personnes sans corps, forme ni figure,

gure, & par conséquent sans différence de sexe, sont néanmoins père & fils, & qu'ils ont produit par leur mutuel amour une troisiéme personne qu'ils appellent le St. Esprit; laquelle personne n'a non plus que les deux autres ni corps, ni forme, ni figure. Quel abominable galimatias!

Puisque nos Christicoles bornent la puissance de Dieu le Père à n'engendrer qu'un fils, pourquoi ne veulent-ils pas que cette seconde personne, aussi-bien que la troisiéme, ayent comme la premiére la puissance d'engendrer un fils qui soit semblable à elle? Si cette puissance d'engendrer un fils est une perfection dans la premiére personne, c'est donc une perfection & une puissance qui n'est point dans la seconde ni dans la troisiéme personne. Ainsi ces deux personnes manquant d'une perfection & d'une puissance qui se trouvent dans la premiére, elles ne seroient certainement pas égales entr'elles: si au contraire ils disent que cette puissance d'engendrer un fils n'est pas une perfection, ils ne devroient donc pas l'attribuer à la premiére personne non plus qu'aux deux autres, parce qu'il ne faut attribuer que des perfections à un Etre qui seroit souverainement parfait.

D'ailleurs ils n'oseroient dire que la puissance d'engendrer une divine personne, ne soit pas une perfection; & s'ils disent que cette premiére personne auroit bien pu engendrer plusieurs fils & plusieurs filles, mais qu'elle n'auroit voulu engendrer que ce seul Fils, & que les deux autres personnes pareillement n'en auroient point voulu engendrer d'autres, on pourroit 1°. leur demander, d'où ils sçavent que cela est ainsi; car on ne voit point dans leurs prétendües Ecritures Saintes, qu'aucune de ces divines

vines personnes se soient positivement déclarées là-dessus. Comment donc nos Christicoles peuvent-ils sçavoir ce qui en est ? Ils n'en parlent donc que suivant leurs idées & leurs imaginations creuses.

2°. On pourroit dire que si ces prétenduës divines personnes avoient la puissance d'engendrer plusieurs enfans & qu'elles n'en voulussent cependant rien faire, il s'ensuivroit que cette divine puissance demeureroit en elles sans effet. Elle seroit tout-à-fait sans effet dans la troisiéme personne, qui n'en engendreroit & n'en produiroit aucune, & elle seroit presque sans effet dans les deux autres, puisqu'elles voudroient la borner à si peu. Ainsi cette puissance qu'elles auroient d'engendrer & de produire quantité d'enfans, demeureroit en elles comme oisive & inutile, ce qu'il ne seroit nullement convenable de dire de divines personnes.

Nos Christicoles blâment & condamnent les Payens de ce qu'ils attribuoient la divinité à des hommes mortels, & de ce qu'ils les adoroient comme de Dieux après leur mort; ils ont raison en cela, mais ces Payens ne faisoient que ce que font encore maintenant nos Christicoles, qui attribuent la divinité à leur Christ, ensorte qu'ils devroient eux-mêmes se condamner aussi, puisqu'ils sont dans la même erreur que ces Payens, & qu'ils adorent un homme qui étoit mortel, & si bien mortel, qu'il mourut honteusement sur une croix.

Il ne serviroit de rien à nos Christicoles de dire qu'il y auroit une grande différence entre leur Jesus-Christ & les Dieux des Payens, sous prétexte que leur Christ seroit, comme ils disent, vrai Dieu & vrai homme tout ensemble, attendu que la Divinité se seroit véritablement incarnée

née en lui ; au moyen de quoi la nature divine se trouvant jointe & unie hypostatiquement, comme ils disent, avec la nature humaine, ces deux natures auroient fait dans Jesus-Christ un vrai Dieu & un vrai homme. Ce qui ne s'étoit jamais fait, à ce qu'ils prétendent, dans les Dieux des Payens.

Mais il est facile de faire voir la foiblesse de cette réponse ; car d'un côté n'auroit-il pas été aussi facile aux Payens qu'aux Chrétiens de dire que la Divinité se seroit incarnée dans les hommes qu'ils adoroient comme Dieux? D'un autre côté si la Divinité avoit voulu s'incarner & s'unir hypostatiquement à la nature humaine dans leur Jesus-Christ, que sçavent-ils si cette même Divinité n'auroit pas bien voulu aussi s'incarner & s'unir hypostatiquement à la nature humaine dans ces grands hommes, & dans ces admirables femmes, qui par leur vertu, par leurs belles qualités, ou par leurs belles actions, ont excellé sur le commun des hommes, & se sont faits ainsi adorer comme Dieux & Déesses? Et si nos Christicoles ne veulent pas croire que la Divinité se soit jamais incarnée dans ces Grands Personnages, pourquoi veulent-ils nous persuader qu'elle se soit incarnée dans leur Jesus? Où en est la preuve? Leur foi & leur créance, qui étoient dans les Payens comme dans eux. Ce qui fait voir qu'ils sont également dans l'erreur les uns comme les autres.

Mais ce qu'il y a en cela de plus ridicule dans le Christianisme que dans le Paganisme, c'est que les Payens n'ont ordinairement attribué la divinité qu'à des grands hommes, auteurs des Arts & des Sciences, & qui avoient excellé dans des vertus utiles à leur patrie ; mais nos Déichristicoles à qui attribuent-ils la divinité? A un homme

me

me de néant, vil & mépriſable, qui n'avoit ni talent, ni ſcience, ni adreſſe, né de pauvres parens, & qui depuis qu'il a voulu paroître dans le monde & faire parler de lui, n'a paſſé que pour un inſenſé & pour un ſéducteur; qui a été mépriſé, moqué, perſécuté, fouetté, & enfin qui a été pendu comme la plupart de ceux qui ont voulu jouer le même rolle, quand ils ont été ſans courage & ſans habileté.

De ſon tems il y eut encore pluſieurs autres ſemblables Impoſteurs qui ſe diſoient être le vrai Meſſie promis par la Loi, entr'autres un certain Juda Galiléen, un Théodor, un Barcon & autres, qui ſous un vain prétexte abuſoient les peuples & tâchoient de les faire ſoulever pour les attirer à eux; mais qui ſont tous péris.

Paſſons à ſes diſcours & à quelques-unes de ſes actions qui ſont des plus remarquables & des plus ſinguliéres dans leurs eſpèces. » Faites pénitence, diſoit-il aux peuples, » car le Royaume du Ciel eſt proche; croyez cette bon- » ne nouvelle : & il alloit courir toute la Galilée, prêchant ainſi la prétenduë venue prochaine du Royaume du Ciel. Comme perſonne n'a encore vu aucune apparence de la venue de ce Royaume, c'eſt une preuve parlante qu'il n'étoit qu'imaginaire.

Mais voyons dans ſes autres prédications l'éloge & la deſcription de ce beau Royaume.

Voici comme il parloit aux peuples : » Le Royaume » des Cieux eſt ſemblable à un homme qui a ſemé du » bon grain dans ſon champ, mais pendant que les hom- » mes dormoient, ſon ennemi eſt venu qui a ſemé la » zizanie parmi le bon grain. Il eſt ſemblable à un » thréſor caché dans un champ : un homme ayant trou-

» vé

» vé le thréſor, le cache de nouveau, & il a eu tant » de joie de l'avoir trouvé, qu'il a vendu tout ſon bien, » & il a acheté ce champ. Il eſt ſemblable à un mar- » chand qui cherche de belles perles, & qui en ayant » trouvé une de grand prix, va vendre tout ce qu'il » a, & achette cette perle. Il eſt ſemblable à un filet » qui a été jetté dans la mer, & qui renferme toutes » ſortes de poiſſons : étant plein, les pêcheurs l'ont re- » tiré, & ont mis les bons poiſſons enſemble dans des » vaiſſeaux, & jetté dehors les mauvais. Il eſt ſem- » blable à un grain de moutarde qu'un homme a ſemé » dans ſon champ : il n'y a point de grain ſi petit que » celui-là, néanmoins quand il eſt cru, il eſt plus grand » que tous les légumes &c. « Ne voilà-t-il par des diſ- cours dignes d'un Dieu ?

On fera encore le même jugement de lui, ſi l'on examine de près ſes actions. Car 1°. courir toute une Province, prêchant la venue prochaine d'un prétendu Royaume; 2°. avoir été tranſporté par le Diable ſur une haute montagne, d'où il auroit cru voir tous les Royaumes du monde; cela ne peut convenir qu'à un viſionnaire; car il eſt certain qu'il n'y a point de montagne ſur la terre d'où l'on puiſſe voir ſeulement un Royaume entier, ſi ce n'eſt le petit Royaume d'Yvetot, qui eſt en France. Ce ne fut donc que par imagination qu'il vit tous ces Royaumes, & qu'il fut tranſporté ſur cette montagne, auſſi-bien que ſur le pinacle du Temple. 3°. Lorſqu'il guérit le ſourd & le muet, dont il eſt parlé dans Saint Marc, il eſt dit qu'il le tira en particulier, qu'il lui mit ſes doigts dans les oreilles, & qu'ayant craché, il lui tira la langue; puis jettant les yeux au Ciel, il pouſſa un grand

grand ſoupir, & lui dit, eppheta. Enfin qu'on liſe tout ce qu'on rapporte de lui, & qu'on juge s'il y a rien au monde de ſi ridicule.

Ayant mis ſous les yeux une partie des pauvretés attribuées à Dieu par les Chriſticoles, continuons à dire quelques mots de leurs myſtères. Ils adorent un Dieu en trois perſonnes, ou trois perſonnes en un ſeul Dieu; & ils s'attribuent la puiſſance de faire des Dieux de pâte & de farine, & même d'en faire tant qu'ils veulent. Car ſuivant leurs principes, ils n'ont qu'à dire ſeulement quatre paroles ſur telle quantité de verres de vin, ou de ces petites images de pâte, ils en feront autant de Dieux, y en eût-il des millions. Quelle folie! Avec toute la prétenduë puiſſance de leur Chriſt, ils ne ſçauroient faire la moindre mouche, & ils croyent pouvoir faire des Dieux à milliers. Il faut être frapé d'un étrange aveuglement pour ſoutenir des choſes ſi pitoyables, & cela ſur un ſi vain fondement que celui des paroles équivoques d'un fanatique.

Ne voyent-ils pas, ces Docteurs aveuglés, que c'eſt ouvrir une porte ſpacieuſe à toutes ſortes d'Idolatries, que de vouloir faire adorer ainſi des images de pâte, ſous prétexte que des Prêtres auroient le pouvoir de les conſacrer & de les faire changer en Dieux? Tous les Prêtres des Idoles n'auroient-ils pu & ne pourroient-ils pas maintenant ſe vanter d'avoir un pareil caractère?

Ne voyent-ils pas auſſi que les mêmes raiſons qui démontrent la vanité des Dieux ou des Idoles de bois, de pierre &c. que les Payens adoroient, démontrent pareillement la vanité des Dieux & des Idoles de pâte & de farine que nos Déichriſticoles adorent? Par quel endroit ſe moquent-ils de la fauſſeté des Dieux des Payens? n'eſt-

ce

ce point parce que ce ne ſont que des ouvrages de la main des hommes, des Images muettes & inſenſibles? Et que ſont donc nos Dieux que nous tenons enfermés dans des boëtes, de peur des ſouris?

Quelles ſeront donc les vaines reſſources des Chriſticoles? leur morale? elle eſt la même au fond que dans toutes les Religions; mais des dogmes cruels en ſont nés & ont enſeigné la perſécution & le trouble. Leurs miracles? mais quel peuple n'a pas les ſiens, & quels ſages ne mépriſent pas ces fables? Leurs prophéties? n'en a-t-on pas démontré la fauſſeté? Leurs mœurs? ne ſont-elles pas ſouvent infâmes? L'établiſſement de leur Religion? mais le fanatiſme n'a-t-il pas commencé, l'intrigue n'a-t-elle pas élevé, la force n'a-t-elle pas ſoutenu viſiblement cet édifice? La Doctrine? mais n'eſt-elle pas le comble de l'abſurdité?

Je crois, mes chers amis, vous avoir donné un préſervatif ſuffiſant contre tant de folies. Votre raiſon fera plus encore que mes diſcours, & plût à Dieu que nous n'euſſions à nous plaindre que d'être trompés! mais le ſang humain coule depuis le temps de Conſtantin, pour l'établiſſement de ces horribles impoſtures. L'Egliſe Romaine, la Grecque, la Proteſtante, tant de diſputes vaines, & tant d'ambitieux hypocrites, ont ravagé l'Europe, l'Afrique & l'Aſie. Joignez, mes amis, aux hommes que ces querelles ont fait égorger, ces multitudes de Moines & de Nones, devenus ſtériles par leur état. Voyez combien de créatures ſont perduës, & vous verrez que la Religion Chrétienne a fait perir la moitié du genre-humain.

Je finirai par ſupplier Dieu ſi outragé par cette ſecte, de

de daigner nous rappeller à la Religion Naturelle, dont le Christianisme est l'ennemi déclaré; à cette Religion simple que Dieu a mis dans le cœur de tous les hommes, qui nous aprend à ne rien faire à autrui, que ce que nous voudrions être fait à nous-mêmes. Alors l'Univers seroit composé de bons citoyens, de pères justes, d'enfans soumis, d'amis tendres. Dieu nous a donné cette Religion en nous donnant la raison. Puisse le fanatisme ne la plus pervertir! Je vais mourir plus rempli de ces désirs que d'espérances.

Voilà le précis exact du Testament in-folio de Jean Meslier. Qu'on juge de quel poids est le témoignage d'un Prêtre mourant qui demande pardon à Dieu.

Ce 15e. *Mars* 1742.

www.ingramcontent.com/pod-product-compliance
Lightning Source LLC
LaVergne TN
LVHW022134080426
835511LV00007B/1126

* 9 7 8 2 0 1 2 6 2 7 4 9 9 *